CAVANDO POÇOS

LOU ENGLE

CAVANDO POÇOS

UM DESPERTAR PARA O AVIVAMENTO

Vida

Vida
Editora Vida
Rua Conde de Sarzedas, 246 — Liberdade
CEP 01512-070 — São Paulo, SP
Tel.: 0 xx 11 2618 7000
atendimento@editoravida.com.br
www.editoravida.com.br
@editora_vida /editoravida

CAVANDO POÇOS

Originalmente publicado nos EUA com o título *Digging the Wells of Revival: The Call to Prayer and Preparation for the Next Great Awakening*

Edição publicada com permissão contratual da Destiny Image Publishers (Shippensburg, PA)

■

■

“Exceto em caso de indicação de outra versão, todas as citações bíblicas foram extraídas da *Nova Versão Internacional* (NVI)
© 1993, 2000, 2011, International Bible Society.
Edição publicada por Editora Vida.
Todos os direitos reservados.”

■

Todas as citações bíblicas e de terceiros foram adaptadas segundo o Acordo Ortográfico da Língua Portuguesa, assinado em 1990, em vigor desde janeiro de 2009.

Os nomes das pessoas foram alterados nos casos em que poderia surgir alguma situação embaraçosa.

Editor responsável: Sarah Lucchini
Tradução: Cecília Eller R. Nascimento
Revisão de tradução: Josemar de Souza Pinto
Revisão de provas: Sônia Freire Lula Almeida
Projeto gráfico: Cláudia Fatel Lino
Diagramação: Carla Lemos
Capa: Vinicius Lira

1. edição: fev. 2025

Dados Internacionais de Catalogação na Publicação (CIP)
(Câmara Brasileira do Livro, SP, Brasil)

Engle, Lou
Cavando poços : Um despertar para o avivamento / Lou Engle, Catherine Paine ; tradução Cecília Eller R. Nascimento. — 1. ed. — São Paulo : Editora Vida, 2025.

Título original: *Digging the Wells of Revival: The Call to Prayer and Preparation for the Next Great Awakening*
ISBN: 978-65-5584-652-2
e-ISBN: 978-65-5584-653-9

1. Alianças (Teologia) - Ensino bíblico 2. Intercessão (Oração) - Cristianismo 3. Oração - Cristianismo 4. Profecia - Cristianismo 5. Reavivamento (Religião) 6. Teologia cristã I. Paine, Catherine. II. Nascimento, Cecília Eller R. III. Título.

25-249786 CDD-269.24

Índice para catálogo sistemático:

1. Reavivamento : Derramamento do Espírito Santo : Cristianismo 269.24
Eliete Marques da Silva - Bibliotecária - CRB-8/9380

Esta obra foi composta em *Minion Pro* e *Optima* e impressa por Gráfica Expressão e Arte sobre papel *Pólen Bold* 70 g/m² para Editora Vida.

PREFÁCIO

Em nossa história reside nossa esperança. *Cavando poços* chama a atenção para a herança espiritual de nosso país. Do movimento na rua Azusa, em Los Angeles, no início do século 20, a Toronto, Baltimore e Brownsville, já chegando ao século 21, Lou Engle nos lembra de que aquilo que já foi pode voltar a ser — as mesmas águas que fluíam livremente podem brotar de novo nesta geração.

Neste livro, o autor nos desafia a revisitar os marcos, renovar os compromissos, cavar novamente os poços e permitir que o reavivamento e a unção jorrem como nunca antes. Já está acontecendo? Acho que vejo um filete!

Tenho vivido e trabalhado em meio a pessoas de oração ao longo da vida. Eu sou um homem de oração. Mas Lou Engle é, sem sombra de dúvida, o homem de mais oração que já conheci! Pode me arranjar uma pá, Lou — estou pronto para cavar!

TOMMY TENNEY
Evangelista avivalista

DEDICATÓRIA

Este livro é dedicado primeiramente à memória dos pioneiros da fé em Los Angeles que, por meio da oração e da obediência em atitude de sacrifício, abriram as comportas do rio do Espírito Santo para milhares beberem. São pais e mães espirituais como Frank Bartleman, Aimee Semple McPherson e John Wimber, sobre cujos ombros uma nova geração se ergue, em Los Angeles, hoje. Em segundo lugar, tenho uma grande dívida de gratidão com meu pai e com minha mãe, Gordon e Eunice Engle, que me transmitiram uma herança espiritual muito forte. Suas orações e seus apelos influenciaram minha vida desde a infância. Assim como vocês, desejo ter a graça de criar descendentes piedosos.

Ché, que amigo e companheiro você é! Sua fé em mim e seu encorajamento me fazem seguir adiante. Eu não teria feito isso sob a liderança de nenhum outro pastor. Reavivamento em Los Angeles!

Acima de tudo, sou grato à minha esposa, Therese, minha mulher virtuosa, que acreditou em mim, orou por mim e suportou meus hábitos de jejum e outras idiossincrasias de intercessor. Você me deu a base para que eu pudesse escrever este livro, ao se dedicar de maneira abnegada a nossos filhos, Christy Joy, Jesse,

Josiah, Jonathan, Gloria e Jacob. Filhos, que vocês se ergam e cavem fundo o poço de seu pai e sua mãe.

Por fim, dedico este livro ao grande e supremo Pai, meu Pai celestial. Obrigado por tuas alianças de amor feitas com meus pais e por me chamar para ser filho. Eu clamo: "Aba, Pai!".

AGRADECIMENTOS

Gostaria de agradecer de todo o coração a Catherine Paine e Bessie Watson por orar até este livro se tornar realidade, por me incentivar a expressar por escrito tudo o que o Senhor tem me dado, além de me ajudar a escrever e editar este manuscrito. Obrigado a Ken e Val Storey, meus companheiros escavadores de poços de águas profundas; Ray e Melinda Clarke, meus amigos radicais; Ferne Heyerdahl, uma excelente secretária; e Chris Berglund, meu companheiro do céu aberto!

À igreja Rock of Roseville, meu muito obrigado! A sua generosidade ajudou a abrir caminho para financiar a escrita desta mensagem. Obrigado a todos os pastores da Harvest Rock Church. É maravilhoso ver como Deus nos uniu. Agradeço a todos os intercessores fiéis da Harvest Rock Church por suas orações incessantes. Vocês são muito estimados no Céu!

SUMÁRIO

INTRODUÇÃO

Não me considero um escritor. Mas, assim como muitas outras coisas que Deus faz, ele não escolhe os mais qualificados. Deus me deu uma mensagem e uma ordem que queimam tão intensamente dentro de mim que não tenho escolha, a não ser escrevê-las. Sinto a urgência esmagadora do tempo em que vivemos. Como o rei Josias, vivemos em tempo emprestado, e o juízo só será evitado por meio da renovação da aliança.

Minha esperança é que este livro conclame a Igreja a retornar à oração e à herança espiritual de seus pais e mães na fé, em vez de ceifar a destruição do juízo.

Deus deseja despertar cada um de seus filhos para a herança espiritual que possui. Ele está pronto para liberar-nos a unção, a glória e o poder de dias passados... e mais. Ele espera nos visitar novamente, assim como nos reavivamentos do passado, agregar multidões em seus braços e encher as ruas e os lares com sua presença.

Ele está pronto para honrar novamente as alianças que fez com os pais e as mães da fé que nos antecederam, bem como para nos transmitir as riquezas de nossa herança espiritual, se tão somente pedirmos e buscarmos.

Aquilo que eu escrevi foi gerado por experiências próprias de "cavar profundamente". Enquanto você lê, desejo que uma grande expectativa surja em seu coração de ver jorrar o poço com as águas profundas do reavivamento que borbulham embaixo de seus pés.

Talvez você seja um professor, no Corpo de Cristo, em quem este livro despertará a paixão e o chamado para ensinar a Igreja a renovar a aliança com nosso Deus. Que você pegue o estandarte e conduza todos ao próximo nível!

Talvez você saiba que tem um grande destino, mas luta continuamente para encontrar sua identidade espiritual. Que este livro indique as respostas que você procura. Que ele o impulsione a buscar as riquezas da herança espiritual que Deus tem para sua vida agora mesmo, e a andar nas promessas que ele lhe concedeu ao custo de sua própria vida.

Não importa quem você seja na família de Deus, que este livro o leve para um conhecimento cada vez mais alto, largo e profundo do propósito do Pai para sua vida e dos planos divinos para encher toda a terra com a própria glória. Que você se torne irrevogavelmente um catalisador do reavivamento!

Deus me chamou para tocar as trombetas e passar adiante as pás. Espero ter feito isso. O resto é com você! Cavemos os poços!

CAPÍTULO 1

JUBILEU OU JUÍZO?

Tornados do juízo

Estávamos caminhando ao ar livre quando uma chuva torrencial começou a cair. Gotas imensas, do tamanho de bolas de golfe, caíam ao nosso redor, mas, mesmo assim, não nos molhávamos. De repente, começamos a correr. Ray gritou para mim: "Olhe!". Ao longe, mas não muito distante, dois tornados vinham em nossa direção. À nossa esquerda, ficava uma grande e antiga mansão. Nossas famílias estavam ali dentro. Começamos a orar em prol da mansão e para que nossos familiares ficassem protegidos, em nome de Jesus.

De repente, observamos os redemoinhos formados bem acima de nossa cabeça. Enquanto orávamos, sentimo-nos compelidos a estender a mão e tocar os redemoinhos. Assim que os tocávamos, os tornados se dissipavam e voltavam para dentro das nuvens. À medida que mais e mais redemoinhos se aproximavam, começamos a fazer mergulhos pelo chão a fim de interceptá-los antes que tocassem o solo.

Era crucial agir na hora certa. Às vezes, saltávamos e os impedíamos faltando apenas a largura da mão de uma pessoa entre o redemoinho e o chão. Vez após vez, mergulhávamos, interceptando um tornado depois do outro. Logo notamos que nossas mãos estavam se queimando por tocar os tornados. Bolhas se formavam na pele.

Acima de nós, dúzias de outros tornados começavam a se formar. O céu estava cheio, e os redemoinhos se tornaram numerosos demais para contar. Exclamamos um para o outro o mais alto possível: "Isso nunca aconteceu na história!". O mais estranho é que não sentimos medo... apenas contemplamos, maravilhados, o espetáculo.

Bem no meio da cena, notamos uma criança pequena na varanda da velha mansão, chorando. Ninguém apareceu para consolá-la, como normalmente alguém faria por uma criança. Também não podíamos parar o que fazíamos para ir até lá.

Então, começamos a observar um fenômeno estarrecedor. Sempre que tocávamos a terra ou a água em nossos mergulhos para deter os tornados, mais redemoinhos começavam a se formar — dessa vez, do chão para cima! Absolutamente deslumbrados e temendo ao Senhor, tivemos a certeza de que isso vinha da parte dele.

De algum modo, Deus estava permitindo nossa intervenção. Enquanto dissipávamos os tornados que desciam rumo à terra, ele liberava redemoinhos de água por meio de nós, que surgiam do solo. Somente quando mergulhávamos para deter as torrentes descendentes é que conseguíamos iniciar uma fonte de água ascendente.

Enquanto meu amigo Ray me contava o sonho dele, meu coração começou a bater com força dentro de mim. Antes que ele começasse a me explicar o que achava que aquilo significava, eu já sabia! Os tornados representavam os juízos que logo serão enviados contra Hollywood e minha cidade, Los Angeles, ao passo que os tornados formados do chão para cima eram as bênçãos de Deus por meio do reavivamento. A grande e velha mansão no sonho era a igreja, um lugar de segurança em meio à calamidade. Ray reconheceu que a criança chorando na varanda era o filho de um amigo pastor. Ele chorava "entre o pórtico do templo e o altar" (Joel 2.17), em intercessão, não com medo.

No dia anterior, eu estava clamando ao Senhor em oração para deter sua mão de juízo sobre Los Angeles. Quando terminei meu momento de oração, de manhã bem cedo, Jesse, meu filho de 11 anos, veio a mim e em tom muito solene disse:

— Pai, acabei de acordar de um sonho em que havia três tornados descendo sobre Los Angeles. Eu sabia que eram os juízos de Deus. Você e eu corremos para a sala de oração na igreja, onde comecei a chorar e clamar ao Senhor: "Deus, poupa Los Angeles! Precisas renovar as alianças!".

Fiquei pasmo com as palavras de Jesse. No sonho, ele havia orado pedindo o mesmo que eu clamara naquela manhã, na sala de oração, enquanto rogava: "Deus, poupa Los Angeles! Precisas renovar as alianças!".

Agora, aqui estava Ray, contando-me praticamente o mesmo sonho um dia depois. O sonho fora tão vívido e tão urgente que o abalara profundamente. Após muita oração e confirmação, ele tirou uma licença de quarenta dias de seu emprego como editor de televisão em Hollywood para se unir a mim em jejum e oração por Los Angeles. Quando ele contou os planos à irmã, uma não cristã que também trabalha em Hollywood, ela compartilhou o sonho aterrorizante que tivera pouco tempo antes, no qual dois tornados destruíam a região! Ela tentava fugir para as montanhas, mas não conseguia. Contou que assistiu à cidade queimar, sem ter o que fazer.

Deus ganhou minha atenção! Ele já vinha falando comigo sobre viajar e pregar menos, para me dedicar mais à intercessão pela cidade. Esses acontecimentos incomuns faziam parte de uma convergência de mensagens proféticas que o Senhor tem proferido ao longo de minha vida e, de diversas maneiras, são o que me levou a escrever este livro neste momento.

Seu lugar na visão

Isso é mais do que uma mera revelação pessoal. Trata-se de uma declaração, um sinal dos tempos, uma ordem profética urgente para a igreja. Essa tarefa não é somente para mim, mas para muitos intercessores e líderes espirituais que Deus está suscitando para enfrentar o desafio desta hora crucial. Vivemos um momento como nenhum outro na história. Deus está chamando seus intercessores a jejuar e orar como nunca antes. Há urgência nessa comissão para que nos prostremos com o rosto em terra diante do Senhor. Como escreveu Derek Prince, "quando Deus lida com as nações, suas promessas de bênçãos e suas advertências de juízo são bem semelhantes: ambas são condicionais. É possível evitar juízos — mesmo na undécima hora — por meio do arrependimento. Em contrapartida, também é possível deixar de receber bênçãos por causa da desobediência".[1]

Creio que entramos em uma janela de tempo na qual nosso destino está sendo decidido. A corte celestial está pesando a Igreja na balança. Minha cidade, Los Angeles, sem dúvida tem presenciado juízos da parte de Deus na última década, incluindo terremotos impressionantes, deslizamentos de terra, incêndios florestais incontroláveis que assolam nossas encostas, e revoltas nas quais pessoas morreram e quarteirões inteiros foram queimados até não sobrar nada.

No momento, parece haver uma calmaria antes da tempestade. Quem sabe você sinta isso em sua própria vida, em sua cidade ou seu ministério. Para ser mais preciso, acredito que se trata de uma janela de oportunidades... uma janela que não durará para sempre. Aquilo que fizermos agora é crítico para determinar o resultado da história para a nação e para a Igreja.

Avaliação das circunstâncias

Cidades e nações parecem alcançar um ponto crítico, após o qual seguem reavivamento e juízo — em geral, juntos. Para aqueles que testemunharam o terrível terremoto de São Francisco, em 1906, no qual mais de 10 mil pessoas morreram, não foi coincidência

[1] PRINCE, Derek. **Shaping History Through Prayer and Fasting.** New Kensington, PA: Whitaker House, 1973, p. 133.

o terremoto físico assolar dias depois do início do reavivamento espiritual na rua Azusa, em Los Angeles, que abalou as nações. Dali nasceram os movimentos pentecostais e posteriormente carismáticos que mudaram a face do cristianismo e do mundo.

Frank Bartleman, líder principal do reavivamento da rua Azusa, registrou seus pensamentos enquanto tudo acontecia:

> Senti a convicção profunda de que o Senhor estava respondendo a nossas preces por reavivamento à sua própria maneira. "Quando os teus juízos reinam na terra, os moradores do mundo aprendem a justiça" (Isaías 26.9, NAA). Uma responsabilidade tremenda de orar me sobreveio, para que as pessoas não fossem indiferentes à voz de Deus [...]".
>
> O terremoto de São Francisco foi, sem dúvida, a voz de Deus aos habitantes da costa do Pacífico [...]. Nos primeiros dias de "Azusa", o Céu e o Inferno parecem ter se manifestado na cidade. As pessoas estavam no limite [...]. Quando chegavam a dois ou três quarteirões do local [rua Azusa], eram tomados por uma forte convicção.[2]

Os Estados Unidos parecem estar entrando em uma época como aquela novamente. Os despertadores da História estão tocando, e sirenes soam se você tiver ouvidos para ouvir. Será o jubileu ou o juízo? Apenas pense:

- Este ano, 1998,[3] marca o quinquagésimo aniversário do surgimento da nação de Israel e o ano judaico literal do Jubileu.
- Um despertamento intenso de jejum e oração está acontecendo — bem semelhante ao grande movimento que iniciou há mais de cinquenta anos, quando Franklin Hall escreveu *Atomic Power with God Through Prayer and Fasting* [Poder atômico com Deus por meio do jejum e da oração], em 1946.

[2] BARTLEMAN, Frank. **Azusa Street.** New Brunswick, NJ: Bridge-Logos Publishers, Inc., 1980, p. 46, 53 [**A história do avivamento Azusa.** Americana: Impacto, 2016].

[3] A primeira publicação deste livro data de 1998, período a partir do qual o autor tece várias análises e chega a diversas conclusões. [N. R.]

- Estamos bem no meio do "ano do jubileu" de comemoração do derramamento mundial do Espírito Santo entre 1947 e 1949, que deu origem à chuva serôdia de reavivamentos de cura, os avivamentos universitários liderados por Bill Bright e o envio de grandes evangelistas como Billy Graham.

A fundação do Estado de Israel, em particular, liberou ondas de choque espirituais na atmosfera celeste há cinquenta anos[4] que reverberam até hoje por toda a terra. Os desdobramentos espirituais e naturais deste ano do jubileu não podem ser subestimados.

De igual forma, não é coincidência que Bill Bright, fundador da Campus Crusade for Christ [conhecida no Brasil como Cruzada Estudantil e Universitária para Cristo], no final da década de 1940, tenha sentido o forte peso, em 1995 e 1996 — cinquenta anos depois — de que o futuro dos Estados Unidos estava em jogo. No meio de um jejum de quarenta dias, Deus falou com ele e lhe disse que a maior colheita da história do país aconteceria antes do ano 2001 se o povo de Deus se humilhasse em jejum e oração.

Movido por esse *insight* profético, Bright escreveu o livro *The Coming Revival: America's Call to Fast, Pray and "Seek God's Face"* [O próximo reavivamento: um chamado aos Estados Unidos para jejuar, orar e "buscar a face de Deus"], que gerou uma onda interdenominacional sem precedentes de jejum no país. O livro foi lançado cinquenta anos depois de a obra de Franklin Hall fazer apelo semelhante.

Seria coincidência ou a mão planejada de um Criador fiel e cheio de propósito? De igual maneira, como entender que, [em 1998], cinquenta anos após o derramamento do Espírito Santo, em 1948, voltam a chover relatos de reavivamento de cura no mundo inteiro?

Deus de fato liberou sua promessa da aliança de um jubileu, ou bênção sem precedentes, nesta época. Continuará a ser bênção... ou acabará em juízo?

4 A primeira publicação deste livro data de 1998; portanto, o período citado é referente a cinquenta anos da data da primeira edição, mais de setenta anos da edição atual. [N. E.]

O propósito do jubileu

A cada cinquenta anos, Deus institui um jubileu: "Consagrem o quinquagésimo ano e proclamem libertação por toda a terra a todos os seus moradores. Este será um ano de jubileu" (Levítico 25.10). No Ano do Jubileu, a terra deveria receber descanso completo — não era permitido semear, colher ou ceifar, muito embora as pessoas pudessem pegar aquilo que crescesse naturalmente. Os escravos judeus e sua família deveriam ser libertos. As heranças familiares de terra perdidas pela pobreza ou que não haviam sido resgatadas deveriam ser revertidas ao dono original ou herdeiro legítimo, e todas as dívidas eram canceladas. Era o ano da culminância de sete períodos sabáticos, isto é, os anos de descanso que aconteciam ao fim de cada período de sete anos.

Os Estados Unidos tiveram a oportunidade de seguir no rumo da plenitude de tal período de graça e restauração. Chegou o momento em que podemos nos mover com Deus para restaurar aquilo que se perdeu em nossa sociedade. Se, em algum ponto, abrimos mão de nossa herança legítima, nesse dia de favor podemos nos reapropriar dela. Podemos novamente possuir as bênçãos que nos pertencem por direito. Devemos nos mover com Deus no dia favorável, assim como ele instrui em Isaías 49.8: "Assim diz o SENHOR: 'No tempo favorável eu responderei a você e no dia da salvação eu o ajudarei; eu o guardarei e farei que você seja uma aliança para o povo, para restaurar a terra e distribuir suas propriedades abandonadas'".

Todavia, mesmo em um tempo de bênçãos, é possível que calamidades sobrevenham. Isaías 61.1-2 declara:

> O Espírito do Soberano, o SENHOR, está sobre mim, porque o SENHOR ungiu-me para levar boas notícias aos pobres. Enviou-me para cuidar dos que estão com o coração quebrantado, anunciar liberdade aos cativos e libertação das trevas aos prisioneiros, para proclamar o ano da bondade do SENHOR e o dia da vingança do nosso Deus.

Fico impressionado com a segunda parte do versículo 2: "e o dia da vingança do nosso Deus". Não posso deixar de pensar em como essa advertência se encaixa no período crucial pelo qual passa nossa nação, sobretudo à luz do artigo que li na revista *Intercessors for America* [Intercessores pelos Estados Unidos]. Esse artigo chamou minha atenção porque advertia quanto a um marco iminente para nosso país. Os Estados Unidos foram fundados com uma aliança, uma Constituição federal. O autor afirma que a Bíblia usava as alianças "[...] como meio de demonstrar misericórdia e dar proteção a alguém que não merecia. A aliança de uma nação, sua mais elevada lei, fornece um meio de misericórdia e proteção para os habitantes da terra se for baseada em princípios piedosos. No entanto, quando uma nação quebra a aliança, deixa de ser protegida. Incorre no juízo e na ira de Deus".[5]

As Escrituras mostram que Deus lida com as nações gentílicas em ciclos de setenta anos.[6] Conforme observa o escritor, o primeiro ciclo dos Estados Unidos começou quando o estado de Virgínia ratificou a Declaração de Direitos, completando assim nossa aliança constitucional. Ao fim desse ciclo, vieram as sementes da Guerra Civil. Contudo, Lincoln e outros cumpriram a aliança, e nossa nação foi restaurada. O ciclo seguinte terminou em 1929, com a quebra da bolsa de valores. Mas as pessoas foram humildes, e Deus teve misericórdia de nossa nação. No entanto, o autor conclui: "A terceira geração desta nação terminará em dezembro de 1998. Se os Estados Unidos forem chamados para prestar contas pelos pecados desta geração, Deus poderá nos estender misericórdia da aliança mesmo em meio ao juízo?".[7]

Fiquei abalado ao ler essas palavras. É muito mais que mero acaso o ano do jubileu e o dia de prestação de contas da terceira geração dos Estados Unidos coincidirem. Seria possível que tanto o favor do Senhor quanto o dia da vingança de nosso Deus estejam sobre nós? Será que nossas orações e a obediência ainda podem determinar o resultado?

[5] INTERCESSORS FOR AMERICA, n. 1, 1 jan. 1993.

[6] Referência aos anos hebraicos, de 360 dias, em lugar do ano romano, com 365 dias.

[7] INTERCESSORS FOR AMERICA, op. cit.

Uma cidade na balança

As opções para uma cidade — a minha cidade — parecem bem claras. A mensagem profética para Los Angeles, da parte de importantes líderes de todo o Corpo de Cristo, é consistente e traz maus pressentimentos. Uma tempestade se aproxima. Os Estados Unidos serão chamados para prestar contas pelo lixo que incorporaram e pela aliança com Deus que rejeitaram. Pode começar com a destruição de Los Angeles. Rick Joyner, Bob Jones e outros profetas bem conhecidos têm falado, todos eles, sobre um terremoto que se aproxima de Los Angeles.

> Há muitas cidades e regiões que estão prestes a sentir os juízos de Deus. No entanto, não creio que o julgamento que sobrevirá à região de Los Angeles diga respeito exatamente ao mal que ali se pratica, mas, sim, à capacidade de projetar o mal e enviá-lo ao redor do mundo. Nenhuma outra cidade em nossa era fez mais pessoas tropeçarem do que Los Angeles, sobretudo por aquilo que vem de Hollywood. Isso não continuará por muito tempo, ou por causa do arrependimento, ou por causa da destruição.[8]

Los Angeles se encontra sobre uma verdadeira porta do Inferno — um fluxo de sujeira emana da cidade. Gostaria de dizer que isso não é verdade, mas todas as evidências apontam para o contrário, em especial um artigo do jornal *Los Angeles Daily News,* intitulado "Porn Pays" [Pornografia dá retorno]. A notícia relata que as vendas e o aluguel de vídeos com conteúdo adulto explícito dobraram nos últimos cinco anos, de 2,1 bilhões de dólares por ano para 4,2 bilhões. Somente em 1997, 700 milhões de filmes pornográficos foram alugados. Em contraste, 410 milhões foram alugados em 1991. Um importante economista do departamento de desenvolvimento econômico do município de Los Angeles reconheceu que a região de San Fernando Valley é o capitólio pornográfico do mundo.[9]

8 JOYNER, Rick. **The Morning Star Prophetic Bulletin**, jun. 1998.
9 PORN PAYS, **Los Angeles Daily News**, 20 nov. 1997.

O mais trágico é que muitos dentro da Igreja têm algum tipo de vício em pornografia. Com que autoridade podemos fazer um apelo de arrependimento à cidade se nós, cristãos, nos alimentamos do mesmo pecado? Rick Joyner continua:

> O juízo está prestes a recair sobre o sul da Califórnia por causa da poluição espiritual que sai de lá e envenena toda a terra. Está muito perto de chegar ao limite do que pode ser tolerado. Se um arrependimento profundo não acontecer, boa parte da bacia de Los Angeles será destruída, até o ponto em que o oceano chegue à base das montanhas de Pasadena. Os prédios do centro de Los Angeles mergulharão dentro da terra, como pedras em um pote de areia quando balançado.[10]

[10] Eu [Rick Joyner] tenho orientado as pessoas a buscar o Senhor e partir [do sul da Califórnia] somente se ele assim orientar. No entanto, tenho sido instruído quanto a chegar, em breve, o momento em que precisarei começar a dizer às pessoas que elas só devem ficar se ouvirem o Senhor ordenar.

Também sinto pessoalmente que devo investir em algum tipo de propriedade de retiro no sul da Califórnia. Tenho recebido a orientação de que não devo abandonar a região e preciso estar disposto a passar tempo ali fazendo o que posso para ajudar a Igreja naquela região. A despeito de onde moremos, cometemos um erro terrível se pensarmos que isso é problema apenas do sul da Califórnia, não nosso também. Quando tudo acontecer, será devastador para o mundo inteiro. Somos todos membros de um só corpo, e este é o momento mais importante de permanecermos ao lado da Igreja naquela região e interceder por todos os habitantes do sul da Califórnia. Não é da vontade de Deus que ninguém pereça, mas, sim, que todos se salvem e cheguem ao conhecimento da verdade.

O lugar mais seguro do mundo é dentro da vontade de Deus, mesmo que seja no meio de um terremoto devastador. O lugar mais perigoso do mundo é estar fora de sua vontade. Se você mora no sul da Califórnia e deixar de lado a vontade de Deus, correrá perigo. Nosso Armagedom pode acontecer no próximo semáforo! Ao prosseguirmos rumo aos tempos que virão, ficará cada vez mais perigoso sair nem que seja um pouquinho da vontade de Deus. O Senhor nos dá agora amplas advertências a fim de que o ouçamos e lhe obedeçamos.

É importante ressaltar, mais uma vez, que Deus não quer que isso aconteça. Ele sempre prefere a misericórdia ao juízo, mas chega o ponto em que o juízo se torna misericórdia [...]. Não sabemos a que ponto o Senhor cederá e poupará Los Angeles, mas há uma ilusão em boa parte da Igreja, que se baseia em pressupostos sobre a graça de Deus. Alguns espiritualizam as profecias, dizendo que a sacudidura será espiritual e que a água [que] cobrirá Los Angeles se refere ao reavivamento. Aquilo que eu vi não foi um terremoto espiritual, e as águas eram o oceano Pacífico. No entanto, se a sacudidura espiritual de fato acontecer e tal reavivamento sobrevier a Los Angeles, o terremoto literal ainda assim acontecerá, mas seu dano pode ser grandemente reduzido. Minha intenção é orar por misericórdia até que o juízo de fato venha.

O orgulho antecede a queda, e há uma arrogância em relação ao Senhor que tem permeado boa parte da Igreja no sul da Califórnia. Uma das formas de manifestação desse sentimento é a desconsideração das advertências divinas (que ele havia enviado no tremor anterior [o terremoto Northridge, de 1996]) e a tendência de acreditar que elas podem ser negociadas. Ninguém achará isso depois que esse vier, mesmo que seu poder destruidor seja reduzido. Em seu nível mais baixo, o temor do Senhor passará pela terra, assim como as ondas gigantescas provocadas pelo tremor. O arrependimento e a intercessão podem eliminar muita morte e destruição, mas esse terremoto será grande.

[...] Ele [Deus] também me mostrou que o terremoto pode ser adiado se honrarmos os pais e as mães espirituais da região, que abençoaram tão poderosamente nossa nação. O mandamento de honrar pai e mãe traz consigo a promessa de que, se o fizermos, nossos dias serão longos sobre a terra. Se reabrirmos os poços (Gênesis 26.18) de nossos pais e mães na fé e continuarmos a beber de sua água, eles serão honrados, e o Senhor nos dará mais tempo.

Todavia, o Senhor com frequência tem nos concedido mais tempo para ficarmos prontos, embora raramente o tenhamos usado bem.[11]

[11] JOYNER, Rick. **The Morning Star Prophetic Bulletin**, jun. 1998.

Fui espiritualmente traspassado por essas palavras. *Algo em meu coração se apressou a ouvir o chamado para reabrir os poços de reavivamento cavados por nossos antepassados espirituais e beber do cálice de aliança e bênção que eles desfrutaram perante Deus.*

Tenho permanecido na brecha em Los Angeles há 14 anos, buscando fazer exatamente isso! Deus agora chama intercessores de todos os lugares para reabrir poços antigos e se pôr na brecha por nossas cidades. Ele faz um apelo — *e uma ordem* — em prol de nossos filhos, de nossa nação e do futuro.

A alternativa a que Deus se referiu em Ezequiel 22 não deve ser:

> "Procurei entre eles um homem que erguesse o muro e se pusesse na brecha diante de mim e em favor desta terra, para que eu não a destruísse, mas não encontrei nenhum. Por isso derramarei a minha ira sobre eles e os consumirei com o meu grande furor; sofrerão as consequências de tudo o que fizeram. Palavra do Soberano, o SENHOR". (v. 30-31)

É nossa presença ou ausência nessa brecha que consiste no fator decisivo para nossas cidades. Precisamos pegar a capa e obedecer. Deus está levantando intercessores que correrão até a brecha, adiarão o juízo e renovarão a aliança. Não podemos permitir que nossas cidades se tornem como Sodoma e Gomorra![12]

A destruição que sobreveio a essas cidades não ocorreu por causa da grande maldade de seus habitantes, mas porque ali não havia nem sequer dez justos! *Faltava um centro de reavivamento — um grupo intercessor de homens e mulheres santos que estivessem sem cessar na presença do trono de Deus em favor de sua cidade e cuja vida tivesse qualidade de purificação e preservação,* como o sal da terra que o povo de Deus é chamado a ser. Quando nossas cidades e nações forem pesadas na balança do Céu, apenas alguns desses

[12] Cf. Gênesis 18.20—19.25.

preciosos consagrados podem fazê-la pender em favor do reavivamento, em lugar da destruição.

Deus está fazendo um grande chamado de despertamento à igreja. Para que nossas cidades e a nação sejam salvas da destruição vindoura, precisamos nos erguer como intercessores perante o trono e realizar a função sacerdotal encontrada em Joel 2 — chorar pelo país, confessar os pecados e clamar mais uma vez para que o Senhor detenha a mão de juízo — *como fez a criança no sonho de Ray Clarke.*

> Que os sacerdotes, que ministram perante o SENHOR, chorem entre o pórtico do templo e o altar, orando: "Poupa o teu povo, SENHOR. Não faças da tua herança objeto de zombaria e de chacota entre as nações. Por que se haveria de dizer pelos povos: 'Onde está o Deus deles?'". (Joel 2.17)

Não há nenhuma outra forma de experimentar as bênçãos da restauração e do reavivamento, que são nossa herança prometida. Conforme declara Mario Murillo com muita inteligência, "antes de um grande despertamento, é preciso haver um rude acordar".[13]

Jubileu ou juízo — qual será? O ano judaico do Jubileu não era apenas de regozijo, mas também de consagração. O toque do chifre de carneiro — ou *shofar* — no antigo Israel para começar o Jubileu fazia mais do que anunciar perdão de dívidas e liberdade do cativeiro para os judeus escravos. O toque do *shofar* no Jubileu soava no Dia da Expiação, que era também um chamado nacional ao arrependimento.[14]

Nesse período de jubileu que os Estados Unidos estão agora vivenciando, o Senhor chama seu povo mais uma vez ao arrependimento nacional. A agilidade de nossa resposta a esse convite e a profundidade de nosso arrependimento e de nossa consagração

[13] MURILLO, Mario. **Critical Mass.** Grand Rapids, MI: Anthony Douglas Publishing, 1985, p. xi.

[14] Cf. Levítico 25.9.

determinam, em grande medida, se a mão do Senhor visitará os Estados Unidos com juízo ou com bênção.

Não pode haver dúvida, no mundo inteiro, de que este século[15] presenciou os derramamentos mais radicais e abrangentes do Espírito Santo que a história já conheceu. Que sejamos aquele povo, no final de nosso século, a ver o mesmo derramamento gracioso da parte do Senhor que o início, quando o avivamento da rua Azusa, o berço do pentecostalismo, mudou a história para sempre.

Que adiemos o juízo e a destruição mais severa dos Estados Unidos com nossas lágrimas de arrependimento, gemidos de intercessão e reabertura dos poços históricos de reavivamento. Então, que a segunda glória seja maior que a primeira, à medida que a presença maravilhosa do Senhor encher nossa terra com um jubileu que o mundo ainda está por presenciar!

[15] O século a que o autor se refere é o 20, quando a obra foi escrita. [N. E.]

CAPÍTULO 2

HÁ UM POÇO DEBAIXO DE SEUS PÉS — CAVE-O!

O chamado à Macedônia

No dia 29 de abril de 1992, testemunhei, juntamente com milhões de outros espectadores, Los Angeles ser abrasada e envergonhada pelas manifestações que se sucederam à absolvição dos policiais acusados de espancar Rodney King. Por oito anos, lutamos, clamando: "Pasadena para Deus!". Jamais me esquecerei de haver chorado e intercedido à frente da televisão, enquanto via Reginald Denny e outros serem espancados enquanto quarteirões inteiros da cidade queimavam descontroladamente. Onde estava o poderoso reavivamento prometido à nossa cidade?

Dois dias depois, nossa equipe pastoral se uniu a outros pastores preocupados da região de Los Angeles para um encontro emergencial de oração. Jack Hayford liderou nosso grupo. Enquanto intercedíamos por nossa cidade, um grande pastor negro se levantou e começou a expressar sua dor. Enquanto ele orava e clamava por Los Angeles, olhei para Ché Ahn, meu pastor sênior. Ele chorava sem parar. Era como se ondas de sofrimento o invadissem.

Ché e eu somos amigos íntimos há muitos anos. Em 1982, ele recebeu do Senhor um sonho que moldou seu destino e o de muitas outras pessoas. Em uma experiência muito semelhante ao chamado de Paulo à Macedônia, um grande homem negro apareceu à frente de Ché, chamando-o com urgência para sua direção. Ele dizia: "Venha para Los Angeles. Haverá uma grande colheita!". Sentindo a instantaneidade da presença do Espírito Santo, Ché despertou trêmulo, com a seguinte música em seu espírito:

Prossiga adiante aos campos dos ceifeiros
Pois estão brancos para a colheita.
Chegou, chegou o momento de colher
Pois a seara das almas humanas deve ser reunida.
O que foi semeado em lágrimas agora será colhido com alegria...
No poder do Espírito, começa o avivamento.

Dois anos depois, com a bênção de outros líderes da igreja, Ché começou a formar uma equipe ministerial com o objetivo de ir para o oeste dos Estados Unidos. Eu cresci no sul da Califórnia e senti que Deus também estava me conduzindo a Los Angeles. Em 1984, doze de nós saímos de Maryland a fim de plantar uma igreja na cidade de Pasadena, a minutos de distância do centro de Los Angeles.

Ao ver Ché chorar durante a reunião de intercessão, em 1992, eu não conseguia deixar de me perguntar o que se passava no coração dele. Mais tarde, ele me contou, empolgado: "Lou, o pastor negro que orou foi o mesmo homem que eu vi em sonho em 1982! Depois da reunião, fui até ele e perguntei: 'Faz tempo que você ora por Los Angeles?'. Ele respondeu que intercede pela cidade desde 1982, exatamente o ano em que tive o sonho!".

Fiquei pasmo e chocado com as palavras de Ché. Eu também estava cheio de esperança. Apesar dos destroços das manifestações populares, Deus nos deu um sinal de que as promessas de sua aliança não falhariam e de que ainda havia esperança para nossa cidade. Acredito que o Senhor ainda se lembra de outro homem negro que orou pedindo reavivamento em Los Angeles décadas atrás. O nome dele era William Seymour, pastor do Movimento de Santidade.

Em 1905, ele estudou sob a tutela de Charles Parham em Houston, no Texas. Por causa das leis de segregação racial, ele não tinha permissão para entrar em sala de aula, por isso ficava sentado do lado de fora e ouvia atrás da porta. Pouco tempo depois, uma pequena igreja de santidade em Los Angeles convidou Seymour para pregar, com a possibilidade de chamá-lo para se tornar pastor do rebanho. Quando ele pregou sobre o batismo no Espírito Santo com a evidência de falar em línguas, foi imediatamente trancado fora da igreja. No entanto, Deus teria a palavra final e permitiria que Seymour mudasse a história.

Ele foi convidado para realizar uma série de cultos em uma casa na rua Bonnie Brae, número 216, no centro de Los Angeles. Ali um grupo fervoroso de santos se reuniu e jejuou por dez dias. Depois desse período, a prometida explosão pentecostal desceu subitamente do céu. Do mais íntimo do ser irromperam rios de água viva, que se tornaram conhecidos como o reavivamento da rua Azusa, a maior manifestação pentecostal da história recente. Milhares de pessoas do mundo inteiro foram beber dessa fonte poderosa do Espírito Santo que William Seymour e aqueles que se reuniram com ele na rua Bonnie Brae abriram em Los Angeles. Em 1992, quase noventa anos depois de William Seymour e dos santos que persistiram a seu lado realizarem a abertura desse poço artesiano de reavivamento, Ché Ahn e outro homem negro chamado Roosevelt se viram, assim como o Isaque de antigamente, cavando os poços de seus antepassados.[1]

Um sonho de destino

Minha experiência é bastante semelhante à de Ché. Em 1986, senti-me atraído a ler novamente o livro *A história do avivamento*

[1] Cf. Gênesis 26.18.

Azusa, escrito por Frank Bartleman. Aquele foi um homem cujo coração se inflamou, sedento por reavivamento. Em 1904, após ouvir F. B. Myers contar sobre o grande avivamento galês, no qual não só indivíduos, mas cidades inteiras se entregaram ao Senhor, Bartleman começou a ansiar que o mesmo acontecesse em Los Angeles. Nessa época, Esther, sua filhinha de apenas 3 anos de idade, havia acabado de morrer. Mesmo com o coração partido, Bartleman pediu demissão do emprego e se dedicou a ver o reavivamento acontecer. Nessa época, ele escreveu centenas de folhetos, que distribuía por onde conseguia. O desejo de reavivamento consumia tanto Bartleman que sua vida inteira foi dedicada à oração e a exortar os santos a crer no reavivamento. Chegou a ponto de sua esposa temer pela vida dele, por causa da intensidade de seu comprometimento com o jejum e com a oração. A esse respeito, Bartleman escreveu:

> Minha saúde está bem debilitada, mas creio que viverei para terminar minha obra. Poucos se interessam em ir aos lugares difíceis, mas minha obra chegará aonde muitos não irão. Parece que Deus só pode pegar um homem que não tem nada além do céu para viver a fim de realizar a obra que requer alguém forte. Fico feliz por me consumir a serviço dele. Prefiro me desgastar a enferrujar. E acho melhor passar fome por Deus, se necessário for, do que engordar para o Diabo.[2]

Então, em 1906, as comportas do Céu se abriram. Bartleman se uniu posteriormente àqueles que participaram das reuniões na pequena casa localizada na rua Bonnie Brae, onde um "segundo Pentecoste" desceu sobre a seleta reunião de oração liderada por William Seymour.

Ao reler *A história do avivamento Azusa*, em 1986, iniciei um período prolongado de jejum e oração. O chamado de Deus ao reavivamento pesou tão fortemente sobre mim que comecei

[2] **Azusa Street**, op. cit., p. 1.

a clamar: "Dá-me o manto de Frank Bartleman! Dá-me reavivamento como o presenciado em 1906, na rua Azusa. Quero orar como esse homem!". Tarde da noite, clamei a Deus. Era como se cada célula do meu ser buscasse a herança espiritual que Frank Bartleman havia iniciado em Los Angeles quase um século antes. Como Eliseu, que não deixou Elias até receber seu manto,[3] reconheci que eu era herdeiro do mesmo DNA espiritual desse pioneiro pentecostal. Na verdade, uma transferência aconteceu naquela noite. Enquanto eu clamava em oração, fui guiado a cavar de novo o poço de meu antepassado Frank Bartleman. Quando o fardo se dissipou, fui dormir.

No dia seguinte, Chris Berglund, irmão profético e amigo da aliança, por quem tenho o mais profundo afeto, dividiu comigo o sonho que tivera na noite anterior. Sem saber de nada sobre minhas orações, Chris me disse: "Vi um grande livro preto e, na capa, em letras brancas, estava escrito o título 'REAVIVAMENTO'. Quando abri, enxerguei o rosto de um homem. O nome dele era Frank Bartleman. Enquanto contemplava a face dele, a imagem subitamente mudou para o seu rosto, Lou! Fechei o livro e disse: 'Preciso entregar este livro para o Lou!'".

Fiquei surpreso com essa revelação e aceitei o sonho de Chris como a mensagem do Senhor para mim. Eu sabia que não era nada mais, nada menos, do que um sonho como o de José, um sonho que Deus me concedera, em sua graça, a fim de permitir que eu fizesse parte do grande reavivamento que sobreviria a Pasadena e Los Angeles.

Esse sonho da aliança e o Deus fiel que o deu para mim têm sido uma âncora ao longo de muitas temporadas difíceis. Até hoje esse sonho me move a crer que coisas maravilhosas acontecerão. Como se o sonho de Chris já não fosse incentivo o bastante, algumas semanas depois conheci uma senhora negra chamada Dorothy Evans. Ela não sabia nada a meu respeito, nem sobre o sonho com Bartleman, mas me disse: "Em 1906, uma senhora

[3] Cf. 2Reis 2.

negra orou por reavivamento com Frank Bartleman. Sinto que sou como essa senhora e estou à procura de meu Bartleman!". Ela e várias outras mulheres vinham orando e jejuando por sete dias e sete noites, acampadas em sacos de dormir na igreja, implorando a Deus com perseverança que levasse reavivamento a Pasadena. Ela estava cavando a partir de poços antigos.

Creio que, até certo ponto, o manto de Frank Bartleman foi jogado sobre mim naquela noite de 1986, e nosso coração se uniu na causa. Tive a convicção de que havia tocado as águas subterrâneas do reavivamento que correm embaixo desta cidade. Senti-me como Isaque, voltando para os lugares onde seu pai havia morado e bebendo dos mesmos poços que este havia cavado: "Há um rio cujos canais alegram a cidade de Deus, o Santo Lugar onde habita o Altíssimo." (Salmos 46.4). Há um significado natural e espiritual extraordinário na compreensão dos poços e da água na Bíblia. O próprio Jesus usou a analogia da água viva para descrever o valor inestimável de sua vida dentro de nós quando tocamos as águas de nosso "poço" pessoal do Espírito Santo. Talvez, porém, em histórias como a de Isaque no Antigo Testamento, encontremos a definição mais clara do valor de um poço.

Redescubra fontes antigas de unção

Assim como seu pai nômade, Isaque movimentava seus rebanhos em busca de pasto. Quando um período de fome o conduziu para o noroeste, reconfigurando a rota de Abraão de Beer-Laai-Roi para Gerar, no território dos filisteus, Isaque procurou os poços que seu pai havia cavado muitos anos antes.

Poços e água eram algo importante a considerar naquela época. Eram a fonte de vida e um fator determinante acerca de onde e como a vida poderia ser sustentada, um lar poderia ser escolhido ou uma cidade poderia surgir. Um poço podia durar milhares de anos e refrigerar muitas gerações. O poço de Jacó é um bom exemplo dessa fonte patriarcal duradoura de bênçãos, uma vez que continuava a fornecer água para os samaritanos dos dias de Jesus!

Isaque descobriu que os poços de seu pai estavam inutilizados, pois os filisteus os haviam enchido de terra e pedras. Por isso, ele escolheu *cavar novamente* os poços de seu pai: "Isaque reabriu os poços cavados no tempo de seu pai, Abraão, os quais os filisteus fecharam depois que Abraão morreu, e deu-lhes os mesmos nomes que seu pai lhes tinha dado." (Gênesis 26.18). Cavar de novo os poços de Abraão foi uma decisão sábia. Por causa da grande dificuldade de cavar e dos gastos de tempo e esforço humano, era preferível cavar de novo um poço anterior do que começar outro. Aliás, os poços preexistentes eram tão valiosos que tribos rivais preferiam disputar um poço antigo do que cavar um novo!

No entanto, mesmo reabrir um velho poço é uma tarefa demorada, trabalhosa e frequentemente desagradável. O reavivalista Tommy Tenney conta a seguinte história sobre um poço reescavado:

> Quando um amigo meu comprou uma propriedade na Índia, encontrou maquinário antigo, móveis descartados, lixo, ervas-daninhas, arbustos e quase *300 cobras* ao limpar um poço abandonado que fora cavado horizontalmente na encosta de uma montanha. Que tarefa monumental! No entanto, todo o esforço valeu a pena. Na manhã seguinte à escavação completa do poço, ele acordou e encontrou uma fonte borbulhando e fluindo novamente.[4]

Poços de reavivamento

Creio que Deus está dizendo que podemos ir até os poços de nossos antepassados espirituais e cavar de novo para encontrar novas fontes borbulhantes de reavivamento a jorrar. Não estou falando sobre reabrir um poço para voltar às tradições

[4] Tommy Tenney, falando na "Catch the Fire Conference", realizada na Harvest Rock Church em novembro de 1997.

do passado, nem redescobrir velhos métodos ou doutrinas preferidas. Em vez disso, falo sobre voltar à vida com as águas do Espírito Santo que foram encontradas nos poços de nossos antepassados espirituais!

Estou convencido de que algo aconteceu em Pensacola, Flórida. Seis anos antes desse poço de reavivamento começar a jorrar de novo, Deus falou com Renée DeLoriea em um aeroporto no Kansas, explicando-lhe que o reavivamento por vir seria o renascimento de um poço anterior:

> As pessoas me olhavam com estranhamento, mas eu sabia que a força que me apoiava naquela parede era o poder de Deus. Eu estava caminhando pelo corredor, cuidando da própria vida, quando uma força extraordinária me puxou para trás [...]. Meus músculos pareciam moles como macarrão e, quando eu finalmente bati na parede, senti como se não tivesse peso algum. Tentei me segurar, apoiando-me na parede em busca de apoio, mas novamente a mesma força poderosa começou a me puxar para o lado, até o chão. Pensei: "Ótimo! Aposto que agora as pessoas estão olhando **mesmo**!". À medida que eu era empurrada cada vez mais para longe no chão, Deus falou a meu espírito em voz quase audível, dizendo com clareza: "*Rua Azusa*: Pensacola, Flórida. *Rua Azusa*: Pensacola, Flórida".
>
> Naquele dia, em janeiro de 1989, tive a certeza de que Deus mandaria um reavivamento a Pensacola, Flórida. Percebi, naquele momento, que, de algum modo, esse reavivamento tocaria o mundo assim como o reavivamento da rua Azusa, em Los Angeles, havia mudado o rumo da história cristã no início do século 20.[5]

De maneira menor, Deus reabriu um poço de reavivamento no Mott Auditorium, o lar da Harvest Rock Church, onde estou, em Pasadena, Califórnia. No dia 1º de janeiro de 1995, enquanto

[5] DELORIEA, Renée. **Portal in Pensacola.** Shippensburg, PA: Revival Press, 1997, p. 15-16.

muita gente aproveitava a famosa Rose Parade, que acontece anualmente em Pasadena no primeiro dia do ano, mais de 2 mil cristãos de toda a região de Los Angeles se reuniram no Mott Auditorium de última hora para ouvir John Arnott, da comunidade Toronto Airport Christian Fellowship — outro poço renovado de reavivamento.

A sensação da presença do Senhor era tangível; os brados e os gemidos dos santos ressoaram por todo o grande auditório. Muitas pessoas se chacoalharam violentamente e caíram ao chão à medida que o Senhor se manifestava com poder (o culto se estendeu muito além da meia-noite.) Alguns foram salvos, e outros, instantaneamente curados. Certa mulher, Joy Rittenhouse, sofria havia seis anos de forte dor nas costas. Durante o culto naquela noite, ela começou a repetir: "Eu renuncio à amargura. Eu renuncio à amargura". Então, aconteceu: a dor nas costas simplesmente desapareceu, e aquela preciosa senhora foi curada de seu sofrimento interno e externo. Depois, no chão da ministração, um poder invisível atingiu suas costas, sem que ninguém orasse por ela. Nisso, grande alegria irrompeu de dentro dela, que começou a rir incontrolavelmente. Deus transformou seu pranto em júbilo. Era o jubileu![6]

O mesmo tipo de história pode ser contado por centenas, se não milhares, que foram ao Mott Auditorium e sentiram o toque pessoal de refrigério do Senhor. Desde aquele dia de ano-novo, quando o poder e a presença do Espírito Santo começaram a residir no Mott Auditorium e a fluir de maneira clara, milhares de pessoas do mundo inteiro têm vindo aqui para beber do Espírito Santo. Três anos após o derramamento inicial do Espírito de Deus, continuamos a realizar reuniões prolongadas, e uma nova comunidade de igrejas, denominada Harvest International Ministries, nasceu. Muitas vezes, quando a presença de Deus se manifesta, a doce fragrância de Jesus pode ser sentida em todo o auditório. Oh, a beleza de Jesus e a glória de sua presença! Creio que os poços de Frank Bartleman estão se abrindo aqui mais uma vez.

[6] História usada com permissão.

A beleza de Jesus, a presença e o poder do Espírito Santo se tornam evidentes de forma clara sempre que Deus abre um poço de reavivamento. Há uma "glória" que repousa tanto sobre o lugar quanto sobre o povo. Aqueles que vêm bebem profundamente.

No entanto, nem todos os poços de reavivamento jorram da mesma forma. Toronto, no Canadá, por exemplo, é um poço de refrigério. Pensacola, por sua vez, é um poço de salvação. A despeito dessa variação na forma de fluir dos poços de reavivamento, uma série constante de resultados acompanha a abertura de cada poço.

Primeiro, o poço de reavivamento oferece água que refresca e reaviva pessoas à beira da morte, espiritualmente sedentas. Quando Hagar fugiu para o deserto de Berseba, ela clamou a Deus por água para dar a seu filho, Ismael, que estava para morrer. Deus misericordiosamente respondeu abrindo os olhos dela, para que conseguisse enxergar um poço com água fresca.[7] Aqueles goles no deserto salvaram a vida dela e do filho. Quantos milhares, ou mesmo *milhões*, estão morrendo em nossas cidades — apenas buscando um poço de reavivamento?

Em segundo lugar, os poços de reavivamento são de natureza comunitária. Todos são livres para receber do refrigério do poço. Isso faz parte da beleza do reavivamento. Cristãos de todas as raças e denominações se unem e permanecem lado a lado na mesma fonte. A conservação dessa natureza de comunidade requer o espírito brando de todos que desejam beber das águas refrescantes do poço.

Quando Ché e eu fomos a Toronto em outubro de 1994, ficamos face a face com os indivíduos da denominação que havíamos acabado de deixar. De fato, você pode acabar adorando ao lado da pessoa que dividiu sua igreja seis meses antes! Nesse processo, cada interessado precisa escolher se vai abençoar seus irmãos e suas irmãs no Senhor, ou se irá brigar com eles junto ao poço.

Brigas junto ao poço não são nada novas. Quando Isaque ficou tão rico que começou a ameaçar os filisteus ao redor, ele foi forçado a ir embora, e seus servos precisaram cavar novos poços.

[7] Cf. Gênesis 21.14-20.

Assim, os homens de Isaque cavaram dois novos poços, que os pastores de Gerar reivindicaram para eles, forçando Isaque a seguir adiante. Isaque deu ao primeiro poço abandonado o nome de Eseque, que significa "discussão". Ao segundo denominou Sitna, que quer dizer "acusação". Somente depois de cavarem o terceiro poço, Isaque, sua família e seus servos foram deixados em paz. A esse Isaque nomeou Reobote, que significa "lugar aberto" ou "espaço para todos".[8]

Quando surgem brigas e contendas em relação ao uso de um poço, seja ele físico, seja espiritual, toda a comunidade sofre. Todos perdem a bênção que ele poderia proporcionar. Então, aquilo que deveria ser um lugar de refrigério para todos (como os disputados poços que Isaque foi forçado a deixar) se torna um lembrete perpétuo de discordâncias feias e disputas de amargar a alma. A história confirma que todas as tentativas de controlar um poço no Espírito sempre interrompem o fluxo. Amargura, ambição egoísta, medo, ressentimento, orgulho, engano... Qualquer que seja a fonte de conflito ou divisão, a dissensão sempre resulta na perda da água que ambos os lados tentavam proteger. Então, a glória do reavivamento é esquecida, e permanece somente a lembrança das diferenças e divisões. Não devemos nos esquecer de que a água encontrada junto às fontes de reavivamento é concedida por Deus para o refrigério e a bênção de todos!

Terceiro, a água de um verdadeiro poço de reavivamento é transferível. Isto é, dá para levá-la para casa, impactando muitas pessoas que talvez não tenham a oportunidade de ir a um poço. As águas de Toronto e Pensacola, por exemplo, já tocaram a vida de multidões que jamais foram a nenhuma dessas cidades. Há uma presença tangível de Deus que as acompanha e pode ser repartida com os outros.

Ché Ahn e eu intencionalmente fomos à Anaheim Vineyard Conference, em 1994, onde uma fonte jorrava, a fim de receber um pouco da água fresca. Recebemos a bênção do Espírito. Pouco depois, plantamos a Harvest Rock Church. Então, o mesmo poder

[8] Cf. Gênesis 26.20-22.

e a mesma bênção começaram a recair sobre nosso povo. Definitivamente foi transferível!

Quarto, ministérios maravilhosos que abençoam milhares de pessoas começam a se formar ao redor de um poço de reavivamento. Escolas bíblicas e centros de treinamento são fundados, ministérios aos pobres são iniciados, e a visão missionária explode. Somente em minha igreja de origem, em Pasadena, quatro outras igrejas se uniram conosco para formar a Harvest Rock Church. Homens ungidos e meus amigos do coração Rick Wright, Karl Malouff, Jim Johnston e Carlos Quintero abriram mão da função de pastor sênior em prol de uma visão maior. Agora, a partir dessa igreja única formada pela união de cinco congregações, estamos iniciando uma escola de ministério para plantadores de igrejas e missionários, bem como um banco de alimentos para ministrar aos pobres. Também coordenamos um ministério internacional que envia apóstolos para capacitar e encorajar as mais de 180 igrejas associadas que já entraram para o Harvest International Ministries. Tudo isso começou porque um poço se abriu! Creio que isso acontece porque os poços, por natureza, acessam uma fonte oculta de água que provê refrigério contínuo. Os poços de reavivamento, em particular, sustentam um relacionamento renovado com o Senhor que empodera aqueles que dele bebem.

Cave poços, não cisternas!

A tentação com a qual se defrontam todos que encontram refrigério em poços de reavivamento é parar de depender do Senhor e começar a confiar em si mesmos. Em um clamor desconsolado, o Senhor repreendeu Israel por esse pecado: "O meu povo cometeu dois crimes: eles me abandonaram, a mim, a fonte de água viva; e cavaram as suas próprias cisternas, cisternas rachadas que não retêm água" (Jeremias 2.13). Esse lamento começa com a memória terna que o Senhor tinha de Israel: "Eu me lembro de sua fidelidade quando você era jovem: como noiva, você me amava" (v. 2).

Abandonar o Senhor e cavar as próprias cisternas equivale a perder o frescor de nossa afeição inicial pelo Senhor e encontrar outras coisas que nos satisfaçam. É fazer exatamente o que Paulo advertiu os gálatas a não realizar: "Será que vocês são tão insensatos que, tendo começado pelo Espírito, querem agora se aperfeiçoar pelo esforço próprio?" (Gálatas 3.3).

As cisternas, por natureza, não conseguem suprir a água fresca e viva (corrente) encontrada em fontes ou poços naturais. Isso acontece porque os poços são abastecidos por água subterrânea fresca, ao passo que as cisternas não passam de pequenos reservatórios escavados no solo para colher e armazenar água da chuva. A água é canalizada em cisternas por meio de calhas em telhados, pátios, ruas e, em alguns lugares, espaços abertos. Por isso, detritos e sujeira são coletados junto com a água. Esse sedimento acaba se assentando no fundo do reservatório, com frequência poluindo a água.

Quantas vezes a Igreja tem tentado escavar um pequeno tanque junto à porta dos fundos, em busca de armazenar até a última gota de chuva que possa cair em seu caminho? Com que frequência recorremos ao controle religioso à medida que tentamos conter o pouco de vida que resta em nossas igrejas, disfarçando freneticamente cada rachadura em nossa fachada, como o dono de uma cisterna cobriria as rachaduras na pedra para impedir que a água escape? Assim como o maná que deveria ser consumido fresco todos os dias, com exceção do sábado,[9] a água refrescante do Espírito deve ser recebida fresca e renovada a cada dia.

O processo de cavar

Nós, da Harvest Rock Church, aprendemos que, para a água durar mais do que algumas breves semanas, não podemos nos satisfazer em parar de cavar quando ela está no nível dos tornozelos. Precisamos cavar até uma profundidade que forneça um fluxo constante, capaz de sustentar a vida. Isso exige muita perseverança, porque cavar depois de encontrar água não é fácil. Aliás, quanto mais profundamente cavamos, mais difícil se torna.

[9] Cf. Êxodo 16.14-36.

Permita-me compartilhar com você alguns *insights* que aprendemos acerca de como cavar um poço de reavivamento e o que acontece enquanto se faz isso.

Primeiro, provavelmente você sentirá sede durante o processo. Cavar ou reabrir um poço é um trabalho duro. Talvez você sinta que seus esforços são frágeis (os nossos foram!), mas nenhuma rocha é capaz de resistir à pressão ou ao martelar constante no mesmo lugar sem rachar. Continue orando! Deus, em sua misericórdia, concede sede espiritual intensa durante esse período, que o mantém desesperado por sua presença. É essa sede que o faz continuar cavando.

Segundo, o Senhor lhe dará um ímpeto profético de quando em quando para incentivá-lo. Isso pode acontecer em forma de palavras, sonhos, encontros ou coincidências divinas. Apegue-se firmemente a essas revelações, pois elas o impulsionarão a prosseguir quando você não conseguir ver água nenhuma!

Terceiro, espere resistência demoníaca e siga em frente em meio ao desânimo e à seca. Com muita frequência, o Inimigo tenta impedir o acesso a poços doadores de vida. Assim como os intercessores clamam e continuam a clamar por "portais" espirituais, você deve lutar por seus poços espirituais de refrigério. Reúna um grupo de guerreiros de oração comprometidos que não se intimidem pelo Inimigo. Precisam ser pessoas como os valentes de Davi, que enfrentaram fortes perigos para satisfazer o desejo de seu líder de tomar água do poço de Belém quando fora separado dele pelo exército filisteu: "Então aqueles três atravessaram o acampamento filisteu, tiraram água da cisterna e a trouxeram a Davi [...]. Foram esses os feitos dos três principais guerreiros." (2Samuel 23.16-17). Quarto, aprenda a adorar. À medida que você se aproxima da água, a adoração se torna uma importante ênfase. São a adoração e o louvor que abrem fontes no deserto e tiram água da rocha: "Brote água, ó poço! Cantem a seu respeito" (Números 21.17b).

Quinto, não desista depois de encontrar água. Muitas pessoas cometem o erro de recuar quando Deus finalmente libera seu Espírito renovador. É justamente o momento de perseverar e seguir adiante para obter uma vitória maior. Quando John Arnott, pastor da Airport Christian Fellowship em Toronto, viu a movimentação do Espírito Santo naquelas primeiras reuniões com Randy Clark, não se contentou em simplesmente ter alguns bons encontros; quis mais. Então, pediu a Randy que ficasse mais. Realizou cultos prolongados. Essa estratégia de fazer encontros prolongados é o primeiro conselho que Wes Campbell nos deu quando o Espírito começou a se mover no Mott Auditorium. É um conselho ao qual você também precisa prestar atenção se deseja abrir e manter o fluir do Espírito Santo em poços abaixo de seus pés.

Muitos poços antigos desciam a grandes profundezas (o poço de Jacó continua a ter mais de 20 metros de profundidade e já chegou a ser duas vezes mais profundo.) Isso era necessário porque os poços superficiais com frequência secavam no calor do verão. O mesmo se aplica aos poços de reavivamento. Satanás tenta muitas coisas para impedi-lo de cavar poços profundos. Caso falhe, enviará oposição em seu caminho ou tentará provocá-lo a pôr limites naquilo que o Espírito de Deus pode realizar e em como ele pode agir. Quando você alcançar a água, não se esqueça de permanecer nela!

Isso pode parecer óbvio, mas muitas igrejas perdem a bênção completa ao recuar depois de alguns cultos no poder da renovação e do reavivamento. Voltam à igreja "do jeito que sempre foi" e imaginam que o derramamento evidente do Espírito de Deus foi algo passageiro. Continue a orar e a convidar o Espírito Santo. Lute por sua herança!

Os poços que Frank Bartleman e outros cavaram foram poços de devoção profunda, dos quais água viva brotava por meio de um relacionamento renovado e vital com o Senhor Jesus Cristo. Com o tempo, porém, esses poços de refrigério foram bloqueados por pedras de contendas, divisão e institucionalismo. Aqueles que antes bebiam profundamente de suas águas passaram a depender mais das cisternas da idolatria e da atividade religiosa, que caracterizam boa parte da Igreja hoje.

Nos tempos bíblicos, cisternas antigas eram usadas como prisões. Pelo menos dois profetas, José e Jeremias, foram jogados nelas! Cadáveres também costumavam ser lançados nesses buracos inutilizados.[10] Parece muito com a condenação de Jesus aos fariseus: "Ai de vocês, mestres da lei e fariseus, hipócritas! Vocês são como sepulcros caiados: bonitos por fora, mas por dentro estão cheios de ossos e de todo tipo de imundície." (Mateus 23.27). Se desejamos ver "bebedouros" constantes, abertos por toda nossa terra, precisamos continuar a cavar, não construir tanques de armazenamento! As cisternas religiosas, assim como as físicas, são incapazes de oferecer água fresca. Embora a construção de cisternas religiosas possa parecer uma tentativa de preservar o mover de Deus que tanto apreciamos, na verdade tais esforços resultam tão somente na negligência dos poços que proporcionam a água refrescante. Então, os lugares que antes eram fontes de vida se tornam focos de morte.

Um artigo do jornal *Los Angeles Times* ilustra muito bem esse princípio. A notícia conta a história de um garoto de 5 anos que caiu na vala de um poço de quase 18 metros de profundidade enquanto caminhava com a mãe em Buenos Aires, Argentina. O poço, localizado no meio de um campo gramado, havia sido escavado quatro anos antes, mas depois fora negligenciado e ficou coberto de ervas daninhas. Escondido pelas plantas dessa maneira, tornou-se uma armadilha mortal para a pequena criança. Somente quando ouviu o grito, a mãe percebeu que o filho, que vinha andando atrás dela, caíra no poço abandonado. A equipe de resgate precisou cavar um túnel paralelo a fim de chegar à criança confinada. Após mais de 33 horas no poço, o menino foi retirado, mas os médicos não conseguiram reanimá-lo.

O que mais me chama a atenção nessa história é o nome do garoto: Cristian.[11] Essa história partiu meu coração quando eu

[10] Cf. Gênesis 37.22-24; Jeremias 38.6; 41.7.

[11] **Los Angeles Times**, 20 mar. 1998.

a li. O poço cavado para ser fonte de bênção e refrigério acabou se transformando em uma armadilha letal.

Muitos poços de reavivamento tiveram o mesmo destino. Tornaram-se focos de morte. Onde antes a água que transmite vida borbulhava para reanimar e nutrir todos que dela bebiam agora flui em silêncio, de maneira imperceptível, sem ser acessada. São esses os poços que você e eu somos chamados a limpar e reabrir.

Chegou a hora de se reapropriar das promessas perdidas e do potencial não cumprido de muitos dos poços de reavivamento que foram cavados ao longo da história da Igreja. Deus deseja nos restaurar a herança à qual temos direito. Por isso, antes de cavar um novo poço, tente reabrir um antigo, pesquisando e reivindicando para você a história de reavivamento em sua região. Descubra que "fonte de água a jorrar para a vida eterna"[12] faz parte da herança de sua família, da congregação e da denominação na qual o Senhor o colocou. Conforme escreveu John Dawson:

> Não despreze suas raízes. Cada israelita tinha uma tribo. Não era um grupo de judeus independentes. Uma atitude sectária é errada, mas as denominações são bíblicas. Deus nos insere em famílias dentro de seu Reino. Se você não conhece sua herança, como poderá desfrutá-la? Como poderá se alegrar nela?[13]

Muitas denominações nasceram com um reavivamento! Chegou a hora de redescobrirmos as antigas heranças sobre as quais a Igreja foi fundada. É hora de limpar o terreno dos poços originais de reavivamento que foram poluídos por divisões e tradições humanas. Chegou o momento de filhos e filhas tomarem posse dos poços que seu pai e sua mãe lutaram para cavar. Que, por

[12] Cf. João 4.14.

[13] DAWSON, John. **Taking Our Cities for God:** How to Break Spiritual Strongholds. Lake Mary, FL: Creation House, 1989, p. 94. [**Reconquiste sua cidade para Deus:** estratégias para derrubar as fortalezas espirituais do Diabo. Curitiba: Betânia, 1995.]

meio de arrependimento, perdão e oração, restauremos o fluir efervescente do Espírito Santo que há muito tempo foi interrompido e esquecido. Que voltemos a tomar posse e renomeemos os poços de reavivamento que hoje só lembram disputas e discordâncias, para, em vez disso, honrarmos a memória daqueles que originariamente instituíram essas fontes históricas de água doadora de vida.

A glória de Deus que borbulhou e transbordou em dias passados, se levantará novamente para revigorar o povo de Deus e abençoá-lo com a presença e o poder do Espírito, sobre os quais muitos apenas leram e ansiaram. Então, os poços doadores de vida escavados por Frank Bartleman e outros santos ao longo das eras fluirá livremente, testemunhando da fidelidade de Deus à aliança. Homens e mulheres voltarão a usar o manto de santos que jejuavam, oravam e perseveravam até a glória de Deus se manifestar. Há um poço debaixo de seus pés. Cave-o, para que não morra!

CAPÍTULO 3

RESTAURAÇÃO DO CORAÇÃO DOS PAIS AOS FILHOS

Uma bênção multigeracional: a faísca do reavivamento

No início de 1997, fui pregar em uma igreja na cidade de Lake Isabella, Califórnia. Não contei a ninguém o tema do sermão: *Vocês são bisnetos de Jonathan Edwards. Portanto, Deus derramará seu Espírito sobre vocês.* Minutos antes do início do culto, um jovem que eu não conhecia me procurou animado e exclamou:

— Sr. Engle, acabei de descobrir que sou descendente de quinta geração de Jonathan Edwards.

Pasmo, respondi:

— Você só pode estar brincando!

Naquele momento, o Espírito Santo me disse: "Lou, você está no caminho certo. Eu cumprirei minha aliança com os Estados Unidos. Levantarei uma geração da aliança que se dedicará ao jejum e à oração. Eles serão restauradores da brecha e virarão a maré mais uma vez".

Meu coração explodiu e tive a certeza de que estava à beira de algo.

Deus tem posto dentro de mim uma fome por despertar a paixão das pessoas para descobrir sua genealogia e origem espiritual, bem como receber uma herança e identidade espiritual dos grandes antepassados que nos precederam. Agora, mais uma peça do quebra-cabeça ganhava visibilidade. Eu estava lendo o livro *Feast of Fire* [Festa do fogo], de John Kilpatrick, pastor da Igreja Assembleia de Deus Brownsville, em Pensacola, Flórida. Algo especificamente naquele reavivamento me chamava a atenção. Deus continuava a me impressionar com a realidade de que o reavivamento de Pensacola era um sinal especial de como ele quer fazer tais derramamentos nestes últimos dias. Comecei a entendê-lo como uma imagem do que pode acontecer quando o coração dos pais se volta ao dos filhos, e o coração dos filhos se volta ao dos pais.

Já ouvi gente dizer que John Kilpatrick e Stephen Hill, o pastor e o evangelista de Pensacola, devem ser mais santos que a maioria dos cristãos, para que o fogo caia exatamente ali. Sem dúvida, esses homens andam bem perto de Deus, admitindo a própria fragilidade, em atitude de oração e obediência, mas há algo mais em ação na cidade de Pensacola, além da espiritualidade dos dois. Deus está cumprindo sua aliança com um pastor, um pai espiritual que trabalhou em prol dos adolescentes da região no passado.

O pai de John Kilpatrick abandonou a família quando John tinha apenas 12 anos. Aos 14, ele recebeu um chamado poderoso para o ministério. Nessa época, o pastor R. C. Wetzel conversou com a mãe de John sobre discipular o filho dela. Com a permissão da mãe, o rapaz começou a participar de um grupo de adolescentes que o pastor Wetzel reunia toda semana. Esses meninos se sentiam chamados ao ministério. O pastor Wetzel lhes ensinava as Escrituras, e, então, cada um transmitia a outros o que haviam aprendido. Por dois anos, os moços se reuniam diariamente à meia-noite com o pastor Wetzel para momentos de oração. Assim, esse pastor foi como um pai para John Kilpatrick, carente de uma figura paterna.

Certa noite, o Espírito Santo desceu. Posteriormente, o irmão Wetzel contou aos jovens que o Senhor falara a ele naquela noite, instruindo-o a permanecer em Pensacola e a se multiplicar naqueles adolescentes. "Se você fizer isso" — Deus lhe disse — "alcançará mais pessoas por meio desses jovens pregadores do que conseguiria fazer por conta própria".[1] Ao longo dos vários anos seguintes, o pastor Wetzel dedicou sua vida a John Kilpatrick. O idoso morreu sem ver a profecia se cumprir.

Ao ler esse relato no livro de John Kilpatrick, fiquei profundamente emocionado. O pastor Wetzel foi um verdadeiro pai. Estava mais preocupado com a geração futura do que com o próprio ministério. Ele ofereceu seu Isaque e, como Abraão, recebeu a promessa de uma descendência inumerável. Então, eu vi! O Espírito de Deus desceu sobre Pensacola no Dia dos Pais de 1995! Deus me dizia: "É o Dia dos Pais. Não consigo me conter!". Assim, com o pastor Wetzel e a grande nuvem de testemunhas olhando para baixo, Deus mandou fogo sobre a oferta do velho pastor.

Os fogos atuais de reavivamento e renovação não dizem respeito tanto a Stephen Hill e John Kilpatrick ou a Lou Engle e John Arnott, mas, sim, a Leonard Ravenhill, ao pastor Wetzel, a Jacob Engle e John Wimber. Precisamos entender com humildade que nos apoiamos nos ombros de muitos grandes homens e mulheres de Deus que vieram antes de nós. Precisamos honrar quem merece honra. O derramamento do Espírito Santo nestes últimos dias do século 20 se baseia em conexões entre pais e filhos e entre mães e filhas. Deus está estabelecendo a obra dos intercessores de hoje sobre a base de homens e mulheres piedosos que oraram clamando por sua glória em dias passados.

Cada altar e cada poço de reavivamento na história serão restaurados porque Deus cumpre sua aliança. Depois de falar, suas promessas não podem ser revogadas. Ele não pode mentir. Em verdade, cumprirá cada palavra que disser. Alguma geração

1 KILPATRICK, John. **Feast of Fire.** Pensacola: Publicação independente, 1995, p. 26.

receberá a promessa da aliança conforme Deus pretendeu e então se levantará para herdar tudo o que foi prometido!

Pense na crise da juventude de nossa nação — e como o coração dos jovens clama por identidade. O que aconteceria se nossos filhos conseguissem acessar a realidade da grandiosa herança espiritual à qual Deus os chamou? Alguns dizem: "O passado ficou para trás, e Deus está fazendo algo novo. Apenas siga em frente e esqueça o que passou". Mas essa é uma interpretação errônea do coração de um Deus que cumpre sua aliança com as gerações! Conforme escreveu John Dawson acerca de sua região natal, a Grã-Bretanha:

> Os *punks* de olhar vago e os jovens profissionais urbanos nas cidades britânicas são os bisnetos de Livingstone, Wesley, Whitefield, Booth, Wycliffe, Fox, Studd e Taylor. A vida desses grandes heróis da fé foi um ato de intercessão. Suas orações continuam a subir ao trono de Deus. Quando Deus pesar a Grã-Bretanha na balança, ela estará cheia de mártires missionários que deram a própria vida na África e na China.[2]

Deus não se esquece! Ele visitará os filhos naturais e espirituais desses heróis da fé!

Retorno aos pais espirituais

No início de 1997, fui convidado a um culto de reavivamento em tendas na cidade de San Pedro, Califórnia. Embora fossem poucos os participantes, a presença do Senhor foi tão real que meu espírito ganhou vida de maneira diferente. Ao me pôr de pé naquela reunião, uma gota de água caiu da parte de cima da tenda e atingiu minha testa. Para mim, era como se fossem lágrimas do céu. De repente, meu coração se abriu por completo, e o Espírito Santo falou a mim com muita clareza:

[2] DAWSON, John. **Taking Our Cities for God:** How to Break Spiritual Strongholds. Lake Mary, FL: Creation House, 1989, p. 92.

> Nos últimos dias — porque eu disse em minha Palavra que derramarei o espírito de Elias nos últimos dias —, eu reabrirei cada poço de reavivamento cavado pelos pais e pelas mães antepassados da fé. E restaurarei o coração dos pais aos filhos, bem como o coração dos filhos aos pais. Assim como nos dias de Noé, as fontes das profundezas se abrirão, e as comportas do céu jorrarão. Tão certo como eu vivo, toda a terra se encherá da glória do Senhor.

Fiquei maravilhado com essa palavra profética que fluiu de mim. Ao longo das horas seguintes, preguei sobre a reabertura dos poços dos morávios, dos nazarenos, dos pentecostais e do movimento de Jesus.

> Vejam, eu enviarei a vocês o profeta Elias antes do grande e temível dia do SENHOR. Ele fará com que os corações dos pais se voltem para seus filhos, e os corações dos filhos para seus pais; do contrário, eu virei e castigarei a terra com maldição. (Malaquias 4.5-6)

Duas são as reviravoltas mencionadas aqui: os pais se voltarão para os filhos, e os filhos, para os pais. Por anos, entendi que essa passagem significa que Deus traria um mover do espírito de Elias para curar relacionamentos familiares individuais nos últimos dias. Sem dúvida, isso faz parte da verdade contida nas Escrituras, mas há muito mais. Conforme escreveu C. F. Keil:

> O significado disso [Malaquias 4.5-6] não é que ele resolverá disputas familiares, ou restaurará a paz entre pais e filhos. Pois o principal pecado da nação na época de nosso profeta não eram as contendas familiares, mas, sim, o afastamento de Deus. Os pais são, na verdade, os ancestrais da nação israelita, os patriarcas e os antepassados predominantemente piedosos, como Davi [...]. Os filhos são os descendentes degenerados da época de Malaquias e das eras seguintes.[3]

[3] KEIL, Carl Friedrich; DELITZSCH, Franz Julius. **The Twelve Minor Prophets**, Biblical Commentary on the Old Testament, v. 2. Edinburgh: T. & T. Clark, 1873, p. 472.

Essa passagem bíblica não diz respeito, em primeiro lugar, a unir pais e filhos. Trata-se do retorno de uma geração inteira ao Deus de seus pais, isto é, a volta ao coração de seus antepassados espirituais.

Durante a batalha épica entre Javé e Baal no monte Carmelo, Elias fez uma oração de restauração das gerações, do tipo ao qual Malaquias se refere:

> Ó SENHOR, Deus de Abraão, de Isaque e de Israel, que hoje fique conhecido que tu és Deus em Israel [...]. Responde-me, ó SENHOR, responde-me, para que este povo saiba que tu, ó SENHOR, és Deus e que fazes o coração deles voltar para ti. (1Reis 18.36b-37)

João Batista personificou esse mesmo espírito. Ele recebeu o manto que havia repousado sobre Elias centenas de anos antes. Como Elias, ele chamou toda a nação a se arrepender e a se voltar para o Deus de seus pais.

Voltar o coração dos pais para os filhos não significa meramente direcionar o amor dos pais *para* os filhos, mas também restaurar o coração dos pais *nos* filhos. Não se trata de voltar à sua metodologia, mas ao seu coração, à sua paixão e ao seu sacrifício. Os filhos recebem a disposição e os sentimentos dos antepassados e, assim, são impelidos a renovar as alianças feitas entre Deus e seus ancestrais.

Essa renovação da aliança se baseia no arrependimento e na entrega à nova obra de Deus a partir de dentro. Sem arrependimento, não é possível haver restauração nem herdar as promessas de Deus. A repreensão severa de João Batista aos fariseus revela a letalidade de voltar ou se apegar à nossa herança, sem a mudança necessária no coração:

> Raça de víboras! Quem deu a vocês a ideia de fugir da ira que se aproxima? Deem fruto que mostre o arrependimento! Não pensem que vocês podem dizer a si mesmos: 'Abraão é nosso pai'. Pois eu digo que destas pedras Deus pode fazer surgir filhos a Abraão. (Mateus 3.7b-9)

Os fariseus confiavam no passado, mas careciam de poder no presente. Tinham um orgulho cheio de satisfação no eu que despertava zelo nacionalista, baseando-se na grandeza de seus ancestrais para poupá-los do juízo. Sua confiança orgulhosa estava bem distante do arrependimento humilde e da fé que caracterizavam os próprios antepassados em quem os fariseus alicerçavam seu orgulho. João, assim como Elias antes dele, chamou o povo para um relacionamento de todo o coração com Deus, não uma relação fundamentada simplesmente em vínculos genealógicos. Não bastava declamar a história gloriosa do agir de Deus com Israel no passado. João buscou despertar o coração dos filhos de Abraão para renovar a aliança feita entre Javé e o patriarca.

Nosso país necessita da mesma reforma de coração do povo dos dias de Elias e da geração de João Batista. Apenas fazer parte de uma denominação com passado glorioso não basta, assim como recitar a história do reavivamento não prepara o caminho para o Senhor nos visitar, da mesma forma que encheu nossos ancestrais. Verdadeiros filhos têm os sentimentos espirituais dos pais.

Malaquias também escreve acerca de uma segunda brecha que precisa ser restaurada: além de o coração dos filhos se voltar, o coração dos pais deve fazer o mesmo. A triste história do reavivamento tem sido de que os líderes usados em um derramamento do Espírito de Deus não reconhecem o seguinte agir de Deus quando ele acontece.

A Igreja Quadrangular, fundada por Aimee Semple McPherson, tem sido fonte de muitas bênçãos em Los Angeles, cada uma com os próprios dons e a própria força. Chuck Smith, fundador da Calvary Chapel, veio do movimento Quadrangular. Começando com demonstrações poderosas do Espírito Santo feitas durante o movimento de Jesus, a Calvary Chapel tem cumprido um grande chamado ao evangelismo e ao discipulado. John Wimber, filho da Calvary Chapel, foi usado poderosamente para fundar a Vineyard Fellowship, a qual tem abençoado todo o Corpo de Cristo com o dom do louvor e a visão de capacitar os santos para o ministério. A Vineyard, por sua vez, deu origem a muitas das igrejas renovadas do fim da década de 1990, nas quais milhares têm sido restaurados, revigorados e empoderados para o serviço. A cada nascimento, acontecem incompreensões e feridas entre pais e filhos.

O clamor do meu coração é para que a Igreja tanto reabra os poços de reavivamento escavados por nossos antepassados espirituais quanto libere os filhos do reavivamento para seguir em frente rumo a novas dimensões de vivenciar e servir a Deus. A reconstrução da aliança entre Deus e a nação não é um sonho. Trata-se de um potencial válido no coração de Deus. Ele está em busca de cristãos que voltem o coração para seus antepassados espirituais e também de pais do reavivamento e da renovação que voltem o coração para seus filhos. Ele está levantando um povo que dirá: "Cumprirei as expectativas divinas para uma mudança como essa".

Amnésia espiritual

Certo dia, em um aeroporto, comecei a conversar sobre Deus com uma mulher que estava esperando o voo. Quando perguntei a ela a qual denominação pertencia, ela respondeu:

— Quadrangular.

— Ah! — disse eu. — Aimee Semple McPherson foi uma mulher incrível!

Fiquei extremamente decepcionado quando ela respondeu:

— Bem, nossa igreja está tentando se distanciar de todo esse lance pentecostal.

Por dentro, eu dizia: "Esse lance pentecostal abalou as nações. Eu já li a história de vocês! E eu sei que ainda hoje há pastores da Igreja Quadrangular que se apropriam dessa herança".

No Angeles Temple, onde Aimee Semple McPherson ministrava, milhares de pessoas eram salvas e curadas de todo tipo de enfermidade e doença. Os gessos e os aparelhos continuam expostos lá para testemunhar do derramamento gracioso do Espírito de Deus que acontecia entre aquelas paredes. Esse derramamento abalou Los Angeles, San Diego, Oakland, Denver e outras cidades de todo o país. Envergonhar-se dessa herança é ser vítima de um fenômeno perigoso chamado *amnésia espiritual.*

A amnésia espiritual acontece quando uma denominação ou a descendência de um agir específico do Espírito esquece a revelação recente de Jesus Cristo e o encontro estimulante com o Espírito Santo que seus antepassados espirituais vivenciaram. As mesmas doutrinas continuam a ser ensinadas, mas falta o poder. Embora os apóstolos tenham aberto caminho, com o tempo administradores se tornam os líderes. Levanta-se, assim, uma nova geração que jamais viu o poder que deu origem à sua herança.

Essa verdade foi afirmada por um pastor da Vineyard que foi orador em alguns de nossos encontros de renovação no Mott Auditorium. Enquanto ele e eu conversávamos sobre as manifestações do Espírito que muitos estavam experimentando, ele fez um comentário interessante acerca de uma denominação que tem reagido de maneira bastante negativa a essa onda atual de reavivamento: "Eu me lembro de haver participado daquele movimento em seus primeiros dias. *Hippies* e jovens com roupas desbotadas se reuniam para adorar. O poder era explosivo, e as mesmas manifestações de reavivamento estão ocorrendo agora. Mas eles não se lembram. Têm um caso de amnésia espiritual".

Por causa desse fenômeno, milhares de santos famintos têm sido deixados de fora de um novo encontro com o Deus vivo. Por quê? O coração dos filhos não foi restaurado ao dos pais. Tampouco o coração dos pais se reconciliou com os filhos espirituais que eles rejeitaram.

Que nós e nossos filhos sejamos gerações que honram e amam as raízes espirituais das quais nascemos, reivindicando o poder do Espírito, em vez de reescrever nossa história como um conto insosso e desprovido de poder, embora respeitável. Quando nos envergonhamos de nossas raízes pentecostais, acabamos nos tornando "pequenocostais", como brinca meu amigo Rick Wright. Mesmo ao confessar os pecados de nossos antepassados espirituais e os excessos e os desequilíbrios nos quais eles caíam, que não negligenciemos a herança que eles nos deixaram nem nos envergonhemos dela.

Hoje um chamado imperioso chega até nós para que honremos pai e mãe. A mensagem profética de Rick Joyner e outros é clara, explicando que a promessa de deter a destruição está ligada à ordem bíblica: "Honra teu pai e tua mãe, a fim de que tenhas vida longa na terra que o SENHOR, o teu Deus, te dá" (Êxodo 20.12). Deus adiará o julgamento se tão somente começarmos a reconhecer e honrar nossos progenitores espirituais.

A única esperança para os Estados Unidos nesta hora é que Deus continue a cumprir sua aliança com nossos antepassados. Isso não quer dizer que podemos confiar em nossa herança espiritual. Em vez disso, requer aderir às promessas e às alianças que consistem em nosso direito legítimo e em humildes apelos perante o propiciatório do Deus que fez essas promessas da aliança. De fato, a maldição sobre nossa nação (e sobre Los Angeles) só será removida pelo agir de um Deus que faz nosso coração voltar à fé, à paixão e ao poder de homens e mulheres como Phineas Bresse,[4] William Seymour,[5] Henrietta Mears,[6] Aimee Semple McPherson,[7] Billy Graham,[8] Bill Bright,[9] Keith Green,[10] Dennis Bennet[11] e Demos Shakarian.[12]

A mensagem profética de nossos dias é um convite sério à reflexão, e é impossível superestimar o preço que pagaremos por ignorá-la. Devemos nos levantar e reabrir os poços de nossa herança espiritual, a fim de que nós, nossos filhos e os filhos de nossos filhos recebam as bênçãos da aliança de Deus restaurada. Agir de qualquer outro modo envolve enfrentar o juízo divino sobre nossas cidades e nossa terra.

4 Fundador da Igreja do Nazareno.

5 Líder do reavivamento da rua Azusa.

6 Fundadora da editora Gospel Light.

7 Fundadora da Igreja do Evangelho Quadrangular.

8 Pioneiro das cruzadas de reavivamento.

9 Fundador das cruzadas universitárias para Cristo.

10 Fundador do Ministério dos Últimos Dias.

11 Pioneiro do movimento carismático.

12 Fundador da Associação de Homens de Negócio do Evangelho Pleno (Adhonep).

CAPÍTULO 4

TOQUE O CORAÇÃO DE DEUS POR MEIO DO SACRIFÍCIO

No fim de 1997, passei por um período de exaustão e seca. Sem que eu soubesse, um grupo de intercessores estava orando para que o Senhor desse a meu querido amigo Chris Berglund um sonho para mim, a fim de me encorajar e me direcionar no novo ano. No último dia de 1997, recebi um telefonema. Era o Chris! Ele me contou um sonho profético poderoso que o Senhor havia acabado de lhe revelar:

> No sonho, vi você coberto por uma nuvem como a glória de Deus. Enquanto olhava em sua direção, uma voz e uma presença poderosa encheram a visão. Eu não soube se era o Senhor ou um anjo do Senhor que eu estava vendo e ouvindo, mas esse ser divino com voz poderosa começou a ler o salmo 50 para sua vida. Começou com o versículo 1 e terminou no 15. Não dava para eu perceber se você estava ajoelhado ou de pé, mas suas

mãos se ergueram, lágrimas caíram, e sua cabeça se levantou em reverência a essa voz, como se quisesse ouvir cada palavra proferida.

Em suma, Chris disse: "Só posso descrever esse sonho como profundamente 'santo' e muito sério. Senti como se o Senhor estivesse enfatizando para você a aprovação de sua consagração e aliança com ele". Quando Chris compartilhou o sonho com um amigo profético mais velho, Bob Lyon, este destacou o versículo 5 do salmo 50: "Ajuntem os que me são fiéis, que, mediante sacrifício, fizeram aliança comigo".

Esse sonho teve fortes consequências para mim e definiu meu rumo em 1998. A relevância desse salmo e desse sonho profético, porém, não se limita a mim. *O salmo 50 retrata Deus liberando tanto seu juízo da aliança quanto sua misericórdia da aliança.* Não é coincidência que o quinquagésimo salmo seja mencionado — um lembrete de que o jubileu ou o juízo acontece no quinquagésimo ano. Fico feliz porque somente os versículos 1 a 15 foram lidos para mim no sonho! Nesses versículos, o Senhor livra seus amados em meio à aflição. O versículo 16 no fim do salmo fala sobre o terrível juízo divino sobre aqueles que levam a aliança aos lábios, mas não lhe obedecem. Deus vem para julgar seu povo. A pergunta crucial é: ele encontrará pessoas piedosas que renovaram as alianças com ele por meio do sacrifício?

O Senhor não se esquece da devoção

As alianças, em sua forma mais elevada, são compromissos fortes, irrevogáveis e obrigatórios, travados com base na afeição profunda e santa entre as duas partes. A expressão de afeição ocorre mediante o sacrifício valioso livremente doado. Um pacto com Deus garante a fidelidade dele à sua promessa. Uma vez que a aliança é consagrada, Deus não pode quebrá-la e jamais o fará. O pacto é totalmente vinculante. A memória de sacrifícios de devoção particular jamais é esquecida, e as gerações posteriores ainda têm poder de tocar o coração de Deus.

Um exemplo notável disso aconteceu em uma noite de 1983, em uma vila da Argélia. Naquela noite, todos os habitantes dela tiveram um encontro pessoal e sobrenatural com Deus por meio de uma combinação de sonhos, visões e visitas angelicais. Cada um daqueles muçulmanos recebeu uma revelação de Jesus ao mesmo tempo!

> Enquanto o Espírito Santo ali repousou e aqueles simples cidadãos começaram a compreender a magnitude do que lhes havia acontecido, uma sensação de temor espiritual se espalhou por toda a vila. Nas semanas seguintes, as conclusões a que chegaram levaram a uma conversão radical em larga escala de 400 a 450 muçulmanos — multiplicando em quase 18 vezes o tamanho da igreja nacional da Argélia!
>
> Quando missionários maravilhados, que não tiveram nenhum envolvimento direto nesse incidente extraordinário, começaram a investigar as possíveis razões para essa manifestação soberana, encontraram uma informação surpreendente. Foi exatamente naquele lugar, em junho de 1315, que Raimundo Lúlio, missionário, de Maiorca, fora apedrejado até a morte por muçulmanos enraivecidos, após sua pregação no mercado aberto.
>
> Já foi afirmado diversas vezes que o sangue dos mártires é a semente da igreja. Lúlio, que costuma ser considerado o primeiro missionário aos muçulmanos, sem dúvida cria nisso. No livro *The Tree of Life*, ele escreveu que as fortalezas islâmicas são conquistadas muito mais "com amor, com orações e com o derramamento de lágrimas e sangue". Em retrospectiva, parece que foi exatamente essa a fórmula que levou aos acontecimentos sobrenaturais recentes na Argélia. Lançada ao chão naquele dia de verão do século 14, a semente da vida derramada de Raimundo Lúlio foi posteriormente aguada pelas lágrimas de gerações de intercessores piedosos [...].
>
> Acrescentando ainda mais brilho a essa história incrível, há o fato de que ela parece ter desencadeado um reavivamento ao estilo de Atos em outras partes da Argélia, que continua até hoje.

> No verão de 1990, tive o privilégio de conhecer várias dezenas de ex-muçulmanos que haviam aceitado Cristo nos dezoito meses anteriores. Quase todos relataram algum tipo de intervenção sobrenatural. As igrejas estão se espalhando como fogo selvagem, sobretudo entre o povo berbere cabila que vive na região da cordilheira do Atlas.[1]

Essa história contém um retrato da misericórdia do Céu sendo derramada sobre o sacrifício de um homem. A verdadeira natureza do reavivamento é Deus se derramar sobre o sacrifício de amor de alguém. Ele sempre manda fogo sobre o sacrifício aceitável. Toda vez que o aroma da obediência que nasce do amor alcança o coração de Deus, ele irrompe com o amor da aliança: "Você me deu o seu melhor. Agora eu estou ligado pelo amor. Aqui está o meu melhor!". Esse sacrifício que nasce do amor a Deus, com a reação correspondente de amor da aliança proveniente dele, é revelado com clareza nas Escrituras. A história de Abraão e Isaque no monte Moriá nos mostra nitidamente o poder desse amor da aliança.

Esta é a natureza do relacionamento entre Deus e Abraão. Deus prometeu abençoar Abraão e tornar sua descendência "tão numerosa" que "não poderá ser contada" (Gênesis 16.10, NAA). Certo dia, Deus decidiu testar sua aliança com seu servo, para ver se Abraão seria um parceiro fiel da aliança e se estaria disposto a entregar tudo a Deus, como se dissesse: "Tudo que é meu é seu, e tudo que é seu é meu". Então, Deus disse a Abraão: "Tome seu filho, seu único filho, Isaque, a quem você ama, e vá para a região de Moriá. Sacrifique-o ali como holocausto num dos montes que lhe indicarei" (Gênesis 22.2).

Note que não se trata de um sacrifício com iniciativa humana. Deus precisa tomar a iniciativa por nossos sacrifícios; caso contrário, eles próprios se tornam exercícios de futilidade que levam ao legalismo.

[1] OTIS JR., George. **The Last of the Giants.** Tarrytown, NY: Chosen Books Inc., 1991, p. 157-158.

> Sacrifício e oferta não pediste, mas abriste os meus ouvidos; holocaustos e ofertas pelo pecado não exigiste. Então eu disse: "Aqui estou!" No livro está escrito a meu respeito. Tenho grande alegria em fazer a tua vontade, ó meu Deus; a tua lei está no fundo do meu coração. (Salmos 40.6-8)

Quando Deus abre nossos ouvidos, clamando pela entrega de um Isaque, ele nos concede graça para isso, e nossa resposta brota de um grande desejo. Contudo, ainda assim é um sacrifício de alto preço.

Agora lembre-se: o próprio Isaque era a promessa da aliança. Deus havia dito: "Será por meio de Isaque que a sua descendência há de ser considerada" (Gênesis 21.12). Matá-lo seria o mesmo que matar a promessa. O que Abraão fará? Ele realizará a transação de aliança que Deus exigiu? Amará a Deus mais do que a qualquer outra coisa, a ponto de entregar o filho Isaque — o sacrifício supremo, a própria promessa?

Abraão, por causa de sua cultura oriental, entendia sobre aliança. Ele argumenta que Deus proverá — mesmo que isso significasse ressuscitar Isaque dentre os mortos —, pois a aliança de Deus com ele se cumpriria por intermédio de Isaque, e Deus não pode mentir. Assim, naquela montanha solitária, diante da visão de todo o reino cósmico, Abraão se prepara para fazer uma aliança mediante sacrifício.

Lágrimas escorrem pelo rosto de Abraão, à medida que ele amarra o filho ao altar. Os céus ficam atônitos ao perceber que o próprio Isaque, já um jovem forte, não resiste. Então, enquanto a tristeza e o amor convergem, a faca se levanta, pronta para cravar o coração do sacrifício.

Ondas pasmas de choque reverberam pelas fileiras das hostes celestiais. Elas contemplam em silêncio assombrado. "Que tipo de amor é esse?" — a tribuna angelical pergunta. De repente, o Grande Coração do Céu surpreende, irrompe em emoção tocante e ordena ao mensageiro angelical que se dirija com toda pressa a seu amigo da aliança. Na velocidade da luz, o anjo chega a Moriá e chama: "Abraão! Abraão!".

"Eis-me aqui" — responde Abraão, uma reação espontânea que brota da resposta habitual de um coração que havia cultivado muitos anos de confiança amorosa e obediência.

> "Não toque no rapaz", disse o Anjo. "Não lhe faça nada. Agora sei que você teme a Deus, porque não me negou seu filho, o seu único filho." (Gênesis 22.12)

De repente, é como se Deus não conseguisse mais se conter. Com emoção profunda, ele responde a Abraão uma segunda vez:

> "Juro por mim mesmo", declara o SENHOR, "que, por ter feito o que fez, não me negando seu filho, o seu único filho, esteja certo de que o abençoarei e farei seus descendentes tão numerosos como as estrelas do céu e como a areia das praias do mar. Sua descendência conquistará as cidades dos que lhe forem inimigos e, por meio dela, todos os povos da terra serão abençoados, porque você me obedeceu". (Gênesis 22.16-18)

Essa mesma reação de amor da aliança fica evidente na cruz e no derramamento subsequente do Espírito Santo no Pentecoste. O Pentecoste não pode ser entendido somente como estratégia celestial para proclamar o evangelho. Antes, foi a reação divina do Pai ao sacrifício de seu Filho Unigênito. É como se Deus estivesse dizendo a Jesus: "Como posso recusar qualquer coisa a ti? Tu pagaste o sacrifício supremo. Aqui está o presente de amor do meu Espírito sobre a tua Noiva".

De repente, tudo mudou! Deus abriu os céus, e o poder atômico de seu amor explodiu em palavras que só ele é capaz de expressar. Línguas de fogo testemunharam do poder e da aprovação do Pai enquanto ele enviou fogo sobre o sacrifício de seu Filho e sobre o grupo que fizera aliança com o Filho. Em um instante, 3 mil foram salvos!

Reavivamento — resposta do céu

O amor da aliança é o grande cerne do reavivamento. Não está ligado a restaurar velhas práticas e métodos antigos, nem a restabelecer tradições antigas. Estamos em busca de restaurar as motivações originais do coração e o amor sacrificial que moveram Deus a agir em reavivamento no passado. "Ele fará com que os corações dos pais se voltem para seus filhos, e os corações dos filhos para seus pais" (Malaquias 4.6) é o lema e a promessa.

Antes do reavivamento galês do início do século 20, um pastor havia instruído um garoto de 13 anos a nunca faltar a nenhum culto de oração, pois ele não tinha como saber quando o Espírito cairia. Aquele jovem, Evan Roberts, orou até cinco noites por semana, ao longo de treze anos. Enfim, em 1904, Deus não se conteve e se manifestou em amor pelas orações sacrificiais de Roberts.[2]

O segredo é o sacrifício. O poder de orar em nome de Jesus é que Deus se lembra do sacrifício de Cristo, e seu coração generoso é profundamente tocado a responder por causa disso. O poder não está, em primeiro lugar, na intercessão de Jesus por nós, mas em sua obediência voluntária ao sofrer a morte na cruz. Embora ele tenha clamado a Deus em alta voz durante sua vida na terra, ele foi ouvido por causa de sua submissão reverente.[3] Deus continua a mandar seu fogo sobre o sacrifício de Jesus.

Deus visita o local do sacrifício

Essa lembrança de atos anteriores de sacrifício é o cerne do reavivamento. Deus tem personalidade e paixão. Uma nostalgia santa se aquece em seu coração quando se lembra de pessoas e lugares de profundo amor e sacrifício. É semelhante aos anseios e às memórias secretas que surgem dentro de nós ao ouvir o nome de alguém ou de determinado local.

Quando voltei à igreja na qual cresci frequentando, lembranças de minhas experiências espirituais naquele lugar onde conheci Deus foram evocadas dentro de mim com emoção profunda. Ali estavam os lugares de reuniões campais de reavivamento onde os irmãos mais velhos saltavam de alegria e nós chorávamos e beijávamos uns aos

[2] JOYNER, Rick. **The World Aflame.** Charlotte, NC: Morning Star Publications, 1993, p. 35. [Disponível em português sob o título **Mundo em chamas.** Americana: Impacto, 2019.]

[3] Cf. Hebreus 5.7.

outros durante o lavar dos pés e a ceia do Senhor. Ali meu pai chorou no altar. Essa nostalgia é poderosa e move o coração a agir.

As Escrituras parecem revelar que Deus também tem lugares preferidos que deseja visitar por causa das ofertas de amor que foram derramadas diante dele no passado.

O monte Moriá, sem dúvida, é um dos locais preferidos de Deus por causa do ato de amor extravagante de Abraão ali realizado. Gerações depois, no mesmo lugar, o rei Davi recebeu o amor de Deus e a bênção de sua aliança.

Desconsiderando a lei de Deus, Davi contou os homens de Israel em idade para guerrear. Deus fez cair juízo sobre o orgulho do rei.

> O SENHOR enviou, assim, uma praga sobre Israel, e setenta mil homens de Israel morreram. E Deus enviou um anjo para destruir Jerusalém. Mas, quando o anjo ia fazê-lo, o SENHOR olhou e arrependeu-se de trazer a catástrofe e disse ao anjo destruidor: "Pare! Já basta!" Naquele momento o anjo do SENHOR estava perto da eira de Araúna, o jebuseu. (1Crônicas 21.14-15)

Por que Deus se emocionou tanto em compaixão? Sem dúvida, seu coração foi tocado pelo povo, mas não poderia haver algo ligado ao lugar específico no qual o anjo estava?

> Então Salomão começou a construir o templo do SENHOR em Jerusalém, no monte Moriá, onde o SENHOR havia aparecido a seu pai Davi, na eira de Araúna, o jebuseu, local que havia sido providenciado por Davi. (2Crônicas 3.1)

O monte Moriá e a eira de Araúna eram o mesmo lugar. O anjo do Senhor estava passando pelo exato lugar da obediência sacrificial de Abraão. Seria possível Deus ter se lembrado desse sacrifício de amor, que prefigurou o sacrifício do Cordeiro de Deus pelos pecados de muitos? Será que o sangue de Isaque, oferecido, mas não derramado, clamou de debaixo da terra: "Perdoa! Perdoa! Perdoa!", e a santa oferta naquele solo sagrado tocou o coração de Deus a agir com misericórdia? Não dá para saber o que se passou na mente e no coração de Deus, mas sabemos que ele deteve a mão do anjo quando esse apareceu no exato lugar em que Abraão fez o sacrifício supremo.

O que Davi deve ter sentido ao ver o anjo do Senhor de pé na eira do monte Moriá? Ele sabia que aquele era exatamente o mesmo monte no qual Abraão, em obediência a Deus, havia oferecido Isaque? O coração de Davi ficou contrito diante da obediência de Abraão e da resposta divina de amor da aliança? Seja qual for o caso, Davi comprou a eira de Araúna, construiu o altar e sacrificou um holocausto ao Senhor.

> E Davi lhe pediu: "Ceda-me o terreno da sua eira para eu construir um altar em honra ao SENHOR, para que cesse a praga sobre o povo. Venda-me o terreno pelo preço justo". Mas Araúna disse a Davi: "Considera-o teu! Que o meu rei e senhor faça dele o que desejar. Eu darei os bois para os holocaustos, o debulhador para servir de lenha e o trigo para a oferta de cereal. Tudo isso eu dou a ti". O rei Davi, porém, respondeu a Araúna: "Não! Faço questão de pagar o preço justo. Não darei ao SENHOR aquilo que pertence a você, nem oferecerei um holocausto que não me custe nada". Então Davi pagou a Araúna sete quilos e duzentos gramas de ouro pelo terreno. E Davi edificou ali um altar ao SENHOR e ofereceu holocaustos e sacrifícios de comunhão. Davi invocou o SENHOR, e o SENHOR lhe respondeu com fogo que veio do céu sobre o altar de holocaustos. O SENHOR ordenou ao anjo que pusesse a espada na bainha. (1Crônicas 21.22-27)

Não é de espantar que Davi tenha se recusado a receber o campo sem pagar. Deus estava de pé sobre o monte Moriá, lugar de grande sacrifício! Talvez essa fosse uma janela de misericórdia. Talvez esse monte voltasse a ser um lugar da bênção misericordiosa de Deus se ele, Davi, levasse uma oferta de sacrifício a Deus.

Então, Davi construiu um altar no solo da visitação histórica, pagando o preço cheio tanto pela terra quanto pelos animais do holocausto. Em seguida, ele "invocou o SENHOR, e o SENHOR lhe respondeu com fogo que veio do céu sobre o altar de holocaustos" (1Crônicas 21.26b).

Deus respondeu com fogo do céu, e uma nova geração recebeu a herança do Pai de uma visitação de misericórdia. Ao pagar o preço cheio, Davi garantiu a bênção cheia, uma bênção que se estenderia além de seus anos de vida, chegando à vida do rei Salomão, seu filho.

Anos mais tarde, o templo de Salomão foi construído exatamente no mesmo lugar em que Davi havia sacrificado holocaustos ao Senhor.[4] Quando o rei Salomão se pôs de pé perante o altar do Senhor no templo concluído, orou:

> "SENHOR, Deus de Israel, não há Deus como tu nos céus e na terra! Tu que guardas a tua aliança de amor com os teus servos que, de todo o coração, andam segundo a tua vontade. Cumpriste a tua promessa a teu servo Davi, meu pai [...]. Agora, ó SENHOR, Deus de Israel, que se confirme a palavra que falaste a teu servo Davi. [...] atende à oração do teu servo e ao seu pedido de misericórdia, ó SENHOR, meu Deus. [...] Ouve as súplicas do teu servo e de Israel, o teu povo, quando orarem voltados para este lugar. Ouve desde os céus, lugar da tua habitação, e, quando ouvires, dá-lhes o teu perdão". (2Crônicas 6.14-21)

Viu o que Salomão pediu em oração? Ele apelou à aliança de seus antepassados, pediu a Deus que habitasse de maneira especial no lugar específico em que Abraão havia oferecido Isaque e pelo qual Davi pagara o preço cheio. Então, pediu que o Senhor dispensasse perdão sempre que ouvisse as orações de seu povo. Quando Salomão terminou de orar, desceu fogo do céu e consumiu os holocaustos. E a glória do Senhor encheu o templo.

Glória e fogo — são as bênçãos da aliança de um Deus da aliança e foram enviadas para o lugar que antes recebera fogo do céu em resposta à doação sacrificial humana. Meu argumento é o

[4] Cf. 1Crônicas 22.

seguinte: o coração de Deus é tocado pelo sacrifício. Ele sempre envia fogo — fogo de reavivamento, se você assim o quiser — sobre sacrifícios aceitáveis. Assim, todos os lugares que foram palco de reavivamento no passado podem vivenciar reavivamento hoje se a nova geração fizer como seus antepassados, oferecendo-se no altar da adoração e da consagração.

A história revela a realidade dessa afirmação: o Angeles Temple, onde caiu fogo divino em 1920, fica a poucos quarteirões da rua Bonnie Brae, o berço do reavivamento da rua Azusa, em 1906. O Mott Auditorium, lar da Harvest Rock Church e o local do grande reavivamento nazareno do passado, foi visitado por fogo da parte de Deus novamente em 1995 e continua a ser um local onde a presença e o poder divinos são derramados. A pergunta é: nossa geração verá novamente mais lugares onde o fogo da aliança de Deus é derramado porque seus verdadeiros filhos renovam a aliança com sacrifícios de amor?

Rick Joyner, em sua mensagem profética intitulada "The Bridge to Revival" [Ponte para o reavivamento], viu um lugar chamado "The Dream Center" [Centro dos Sonhos], que seria usado para reavivamento em Los Angeles. O mais interessante é que The Dream Center é um ministério a bairros carentes povoados predominantemente por minorias, fundado por Tommy Barnett e o filho Matthew, que está apenas começando a explodir com a bênção de Deus. A sede fica a poucos quarteirões tanto do Angeles Temple (onde Aimee Semple McPherson testemunhou um agir histórico de Deus e inaugurou a Igreja Quadrangular) quanto do local do reavivamento da rua Azusa.

Há um altar histórico, um poço histórico, no centro de Los Angeles. Altares e poços semelhantes existem por toda a nossa terra. Mas "os Estados Unidos estão espiritualmente à beira da morte porque Deus tem representantes de vendas em vez de canais de sua glória. Fazemos febrilmente as coisas certas, quase como um suborno para adiar a entrega necessária de nós mesmos a Deus como sacrifícios vivos".[5]

5 MURILLO, Mario. **Critical Mass.** Grand Rapids, MI: Anthony Douglas Publishing, 1985, p. 46.

Estou cansado de fazer coisas boas. Oro para que você também esteja. Chegou a hora de renovar as alianças e oferecer sacrifícios que agradem a Deus. Que aqueles de vocês que conhecem a própria herança espiritual acendam a fé de tal modo que tais altares recebam de novo o fogo divino de Deus, e esses poços comecem a suprir novamente o fluir revigorante da presença divina do qual tão desesperadamente necessitamos. Faça todo esforço para descobrir pessoas e lugares que Deus visitou no passado. Veremos a presença e o poder de Deus nos locais de nossa herança. À medida que ele relembra os sacrifícios passados de amor, seu grande coração se manifesta, e sua misericórdia se derrama.

Que sejamos a geração que apela às alianças de nossos antepassados, que convida Deus a revisitar os lugares onde ele se manifestou no passado e que faz sacrifícios extravagantes de amor em altares de confiança e obediência. Então, quem sabe o coração de Deus será tocado, ele se lembrará de sua aliança e enviará fogo e glória, as bênçãos completas da aliança. Que sejamos o povo que não aceita a aliança do Senhor apenas de boca, mas que também a vivamos.

CAPÍTULO 5

DEUS ESTÁ EM BUSCA DE AMIGOS DA ALIANÇA

O poder da aliança

Em 1977, enquanto ia para o seminário em Ashland, Ohio, conheci um jovem chamado Duke Smith. Ele havia acabado de se tornar cristão e estava apaixonado pelo Senhor. Eu era bem mais velho do que ele, mas nos unimos em espírito. Fizemos juntos uma aliança para buscar o derramamento de Atos 2 até o encontrarmos.

Essa aliança nos conduziu de maneira sobrenatural a Maryland, onde o Espírito Santo estava se movendo sobre um grupo chamado "Gathering of Believers" [Ajuntamento dos Crentes], liderado por Larry Tomczak e C. J. Mahaney. Por causa da aliança, eu deixei tudo, até meu futuro como pastor em minha denominação, que um dos meus antepassados havia fundado seis gerações antes. Troquei a oportunidade de ser pastor da Brethren in Christ Church [Igreja dos Irmãos em Cristo] por cinco anos esfregando chão de hospital, cortando grama e varrendo salas de caldeira. Mas aqueles anos foram maravilhosos. O depósito dos produtos de limpeza se tornou meu quarto de oração. Eu adorava a Deus naquele quartinho enquanto limpava o esfregão. Eu cantava e orava em línguas atrás da máquina de aparar grama, chorando diante do amor de Deus por mim. Eu ouvia a voz interior de Deus me dizer dentro da sala de caldeira: "Eu o chamei para ser um instrumento de reavivamento".

Meu amigo Duke Smith se mudou para longe e perdi o contato com ele por 12 anos. Então, quando me mudei para Pasadena a fim de plantar uma igreja, recebi uma ligação inesperada. Era Duke — eu mal podia acreditar! Ele estava morando em Rosemead, a cidade ao lado de Pasadena. Duke havia passado 12 anos sombrios longe do Senhor.

Deus, porém, se lembrou de nossas promessas da aliança. Ele nos uniu com elos que não podem ser quebrados. Assim, nos conduziu individualmente por 12 anos e quase 5 mil quilômetros a fim de nos reunir no mesmo local no início da renovação de 1994. Por volta dessa época, Duke começou a buscar Deus. Posteriormente, ele me contou: "Lou, quando me tornei cristão, eu tinha sonhos proféticos o tempo inteiro. Mas fiquei sem sonhar por 12 anos. Ontem à noite, tive um sonho no qual eu estava voando, ao ministrar o louvor, em um prédio imenso com grandes portas duplas nos fundos".

Quando a renovação se mudou para o Mott Auditorium, Duke ficou boquiaberto. O prédio em seu sonho era exatamente aquele! Hoje Duke é um de nossos ministros de louvor da Harvest Rock Church, e estamos cumprindo a aliança que fizemos há quase vinte anos.

Fazer alianças. Quando conheci Duke em 1977, sabia muito pouco sobre a profundidade do compromisso envolvido nesse relacionamento. Por meio da parábola de vida da minha amizade com Duke, Deus tem me ensinado muito sobre sua fidelidade à aliança. Ele não falhará. Suas promessas são completamente confiáveis. A despeito de nossa falta de lealdade, ele é sempre fiel. Vinculou-se a nós em amor. Mesmo que precise nos conduzir por 5 mil quilômetros e 12 anos de escuridão, ele se lembra da aliança feita de coração e opera em nosso favor para cumprir tais promessas.

Jônatas e Davi conheciam essa devoção. Davi amava Jônatas como a si mesmo.[1] Os dois criaram um vínculo não só durante a própria vida, mas além da esfera temporal, adentrando o que é eterno. Gerações foram abençoadas por causa da aliança que os dois fizeram. Anos depois de Jônatas ser morto em batalha, o rei Davi se lembrou do amigo. Seu coração ficou profundamente emocionado por causa do grande amor que haviam compartilhado. Ele se lembrou do juramento: "O Senhor para sempre é testemunha entre nós e entre os nossos descendentes" (1Samuel 20.42b). Por isso, Davi perguntou: "Resta ainda alguém da família de Saul a quem eu possa mostrar lealdade, por causa de minha amizade com Jônatas?" (2Samuel 9.1). Quando ficou sabendo que apenas um dos filhos de Jônatas ainda estava vivo, um homem coxo chamado Mefibosete, totalmente inapto a se sentar à mesa do rei, Davi, movido pela intensidade de seu amor por Jônatas, estendeu bondade ao filho do amigo.

> Quando Mefibosete, filho de Jônatas e neto de Saul, compareceu diante de Davi, prostrou-se com o rosto em terra. "Mefibosete?", perguntou Davi. Ele respondeu: "Sim, sou teu servo". "Não tenha medo", disse-lhe Davi, "pois é certo que eu o tratarei com bondade por causa de minha amizade com Jônatas, seu pai. Vou devolver-lhe todas as terras que pertenciam a seu avô, Saul, e você comerá sempre à minha mesa". (2Samuel 9.6-7)

Quando leio essas palavras, lágrimas me vêm aos olhos. Talvez seja isso que Deus esteja dizendo no Céu hoje. Talvez, ao se lembrar de Jonathan Edwards, o pai do primeiro grande despertamento nos Estados Unidos, ele pergunte: "Ainda resta alguém da família dele nesta nação, para que eu possa demonstrar misericórdia por amor a Jonathan Edwards?". Embora estejamos paralíticos pelo pecado e tenhamos perdido a herança de nossas cidades para o Diabo, Deus ainda pode nos estender misericórdia e nos restaurar. Esta é a

[1] Cf. 1Samuel 20.17.

esperança do país: Deus cumprir sua aliança com nossos antepassados piedosos.

Como nosso Deus é um Deus de aliança, aqueles com quem ele firma pactos se tornam seus amigos especiais, e ele faz distinção entre eles e outras pessoas. Apoia esses amigos da aliança de maneira absolutamente especial. Quem são essas pessoas com quem ele se uniu em um vínculo eterno? São os homens e as mulheres de todas as eras que andaram com ele, escolhendo obediência em vez de popularidade. São a reunião do cenáculo ao longo da história, que abre os olhos por meio da oração. São o "clube santo", como os fundados nos *campi* universitários por John Wesley e George Whitefield. São todos os adoradores solitários que amam a Deus e oferecem seu aroma suave ao Céu!

A natureza da aliança

Infelizmente, nós, ocidentais, conhecemos pouco sobre a natureza da aliança. Diferentemente da maioria das nações do Oriente, que estão familiarizadas com a prática de firmar pactos, fazer e cumprir uma aliança é algo que se perdeu em algum lugar dos arquivos de nossa história. Veja todos os tratados com os povos originários que foram quebrados. Conforme disse um mestre: "Os Estados Unidos são o país menos civilizado, pois nada sabe sobre alianças de sangue. Nosso padrão de quebrar tratados era incompreensível para os indígenas. Eles simplesmente não conseguiam entender como alguém era capaz de quebrar uma aliança".

A palavra "aliançar" quer dizer "vincular ou juntar, unir". Com frequência, o ritual de firmar uma aliança incluía os seguintes elementos:

1. Os participantes cortavam um animal em dois e caminhavam entre as duas partes sangrentas. Ao fazer isso, estavam declarando que os dois se transformavam em um e demonstravam o que aconteceria com a parte que transgredisse a aliança, isto é, seria cortada em dois, assim como

o animal. Abraão cortou uma novilha, uma cabra e um carneiro em duas partes e organizou as metades em frente uma à outra. Após o entardecer, "um fogareiro esfumaçante, com uma tocha acesa, passou por entre os pedaços dos animais" (Gênesis 15.17b).

2. As duas partes liam as promessas e as bênçãos de cumprir a aliança, bem como as maldições invocadas sobre quem a transgredisse.
3. Os participantes faziam votos um para o outro.
4. Os participantes se presenteavam com roupas, presentes, anéis, espadas ou outro item de valor, que era uma maneira simbólica de dizer: "O que é meu é seu, e o que é seu é meu. Se alguém atacar você, se torna meu inimigo e minha espada defenderá você".
5. Uma marca física (no caso de Abraão, a circuncisão[2]) é feita no corpo de cada participante como sinal de que se tornaram "irmãos de aliança". A cerimônia só era concluída e a designação "amigo" só era usada depois que essa marca era feita.
6. Após a cerimônia da aliança, havia uma festa.
7. A partir da aliança, nenhuma das partes podia falar mal da outra.
8. As alianças costumavam permanecer após o tempo de vida dos participantes, estendendo-se a gerações seguintes. Deus prometeu que a aliança não seria feita apenas com Abraão, mas com seus descendentes para sempre.[3]

Esses componentes de um relacionamento da aliança ficam evidentes por meio da amizade entre Deus e Abraão. Deus diz a ele: "Dá-me teu filho", e Abraão é obrigado pela aliança a fazê-lo. Como irmão de sangue de Deus, ele precisa obedecer. Mas, então, Deus é dirigido, pela própria natureza da mesma aliança, a cumprir suas

[2] Cf. Gênesis 17.10.
[3] Cf. Gênesis 13.14-16.

promessas também — incluindo a provisão do próprio Filho para atender à nossa grande necessidade de expiação. Abraão recebeu no corpo o sinal da aliança, mas onde está a cicatriz divina para provar? As feridas sangrentas de Jesus são as marcas da aliança que garantem que Deus é, de fato, um parceiro da aliança e, como tal, cumpre as promessas que faz.

A promessa da aliança

A ideia de Deus entrar em um acordo obrigatório com um ser humano é espantosa! Ele estar disposto a selar para sempre sua participação por meio de uma morte terrível é praticamente incompreensível. Sem dúvida, a aliança confirmada por um sacrifício tão grande precisa ser acompanhada de promessas magníficas. E é mesmo! Em Gênesis, Deus promete a Abraão terra, descendentes e proteção. Mas, quando Paulo comenta sobre isso no Novo Testamento, ele sequer menciona essas coisas como as bênçãos que Abraão recebeu. Em vez disso, escreve que ele nos redimiu "para que em Cristo Jesus a bênção de Abraão chegasse também aos gentios, para que recebêssemos a promessa do Espírito mediante a fé" (Gálatas 3.14). Vez após vez, no Novo Testamento, a promessa que recebemos por meio da aliança com Abraão, selada pela morte e ressurreição de Jesus, é o Espírito Santo! E, por intermédio de Cristo, até mesmo os gentios o recebem.

Lembrei-me aqui de um jovem amigo, Abbott, que aprendeu poderosamente, no início de 1998, que o poder do Espírito Santo é liberado por meio da aliança no sangue de Jesus. Ele e a esposa estavam buscando Deus com grande sede, ansiando que os próprios poços espirituais fossem abertos. Embora já tivessem experimentado encontros carismáticos, queriam o batismo no Espírito com o tipo de poder descrito na Bíblia.

Certa noite, ao estudar em oração algumas passagens das Escrituras referentes à aliança, Abbott deparou-se com Zacarias 9.11: "Quanto a você, por causa do sangue da minha aliança com você, libertarei os seus prisioneiros de um poço sem água". A definição de Jesus para água é o Espírito Santo: "'Quem crer em mim, como diz a Escritura, do seu interior fluirão rios de água viva'. Ele estava se referindo ao Espírito, que mais tarde receberiam os que nele cressem" (João 7.38-39a).

De repente, uma revelação simples explodiu dentro do coração de meu amigo. Ele viu que era o sangue da nova aliança que o libertaria do próprio poço sem água e abriria o batismo no Espírito Santo, as fontes de água viva sobre as quais Jesus havia comentado. A ousadia tomou conta de meu amigo, para tomar posse dessa promessa do Espírito com base no sangue derramado de Jesus. Ajoelhado para orar, ele foi instantaneamente batizado com poder, à medida que choques de eletricidade o derrubaram ao chão e ele começou a falar em outras línguas. Aliás, por duas horas, ele não conseguiu falar inglês, sua língua materna! Explodiu em louvores, e os vizinhos que o ouviram em alta voz disseram que ele falou russo e polonês. A aliança do sangue de Jesus abriu as portas para Atos 1.8: "Mas receberão poder quando o Espírito Santo descer sobre vocês, e serão minhas testemunhas em Jerusalém, em toda a Judeia e Samaria, e até os confins da terra".

No dia seguinte, meu amigo testemunhou a um senhor que defendia o darwinismo e havia resistido por anos ao Evangelho. Esse adversário endurecido de Jesus cedeu de imediato diante do testemunho de meu amigo e se entregou a Cristo.

Uma pessoa com o poço pessoal aberto pode liberar água para uma comunidade inteira. Jesus disse à mulher samaritana junto ao poço: "Quem beber da água que eu lhe der nunca mais terá sede. Ao contrário, a água que eu lhe der se tornará nele uma fonte de água a jorrar para a vida eterna" (João 4.14). Quando essa mulher abriu o coração e experimentou uma fonte de água na vida, sua cidade inteira foi afetada e também conseguiu experimentar. "Muitos samaritanos daquela cidade creram nele por causa do seguinte testemunho dado pela mulher" (João 4.39). Para ver o reavivamento acontecer em nossa terra, precisamos voltar à aliança de sangue do Senhor Jesus Cristo. É essa aliança que libera as fontes de água viva capazes de aguar uma comunidade inteira ao jorrar.

O sangue de Jesus é a garantia do derramamento do Espírito, tanto na esfera individual quanto na coletiva: "Vocês foram selados em Cristo com o Espírito Santo da promessa" (Efésios 1.13b). Se o reavivamento não é nada menos que a obra completa do maravilhoso Espírito Santo, sem dúvida podemos nos agarrar a essas promessas da aliança com muita fé e ousadia, para vê-lo voltar! Quero despertar seu coração a uma fé ousada! Você acredita nas palavras de Jesus: "Eu envio a vocês a promessa de meu Pai; mas fiquem na cidade até serem revestidos do poder do alto" (Lucas 24.49)? Você acredita que um segundo Pentecoste glorioso varrerá a terra mais uma vez? Ou suas orações refletem uma expectativa medíocre?

Os judeus: o povo da aliança

Deus está em busca de um povo que fará aliança com ele por intermédio do sangue do Senhor Jesus Cristo e do compromisso em reabrir os poços de sua herança espiritual. Esses poços espirituais começam com os judeus, o povo com quem Deus firmou primeiramente a aliança. Conforme diz a Bíblia acerca dos judeus: "Quanto ao evangelho, eles são inimigos por causa de vocês; mas, quanto à eleição, são amados por causa dos patriarcas, pois os dons e o chamado de Deus são irrevogáveis" (Romanos 11.28-29). As promessas da aliança a Abraão, Isaque e Jacó são irrevogáveis. Elas se cumprirão.

Então, escavemos primeiro os poços de reavivamento, retornando a nossas raízes judaicas, a fim de conhecer e seguir os caminhos e a obediência de Abraão, Isaque e Jacó.

> "Olhem para a rocha da qual foram cortados e para a pedreira de onde foram cavados; olhem para Abraão, seu pai, e para Sara, que os deu à luz. Quando eu o chamei, ele era apenas um, e eu o abençoei e o tornei muitos." Com certeza o SENHOR consolará Sião e olhará com compaixão para todas as ruínas dela; ele tornará seus desertos como o Éden, seus ermos, como o jardim do SENHOR. Alegria e contentamento serão achados nela, ações de graças e som de canções. (Isaías 51.1b-3)

Isaías está aqui chamando o remanescente a voltar para suas raízes, a fim de conhecer e seguir o estilo de adoração, o sacrifício, a fé e a obediência de seus pais espirituais.

Oremos por Israel com grande fé, invocando as promessas do Espírito Santo em seu favor. Se as promessas são verdadeiras para nós, gentios, quanto mais para eles! Chegou a hora de ver uma colheita em meio ao povo escolhido de Deus. O dia em que "todo o Israel será salvo" (Romanos 11.26) rapidamente se aproxima. Que mais judeus sejam salvos neste século do que em todos os outros somados desde o primeiro século. Este é seu destino! Quando começarmos a reabrir os poços de nossa herança, que jamais nos esqueçamos de que os primeiros foram cavados por Abraão e de que somos participantes da aliança por causa da grande misericórdia de Deus para conosco: "Pois eu digo a vocês que Cristo se tornou servo dos que são da circuncisão, por amor à verdade de Deus, para confirmar as promessas feitas aos patriarcas, a fim de que os gentios glorifiquem a Deus por sua misericórdia" (Romanos 15.8-9).

Evoque a memória da aliança

Os relacionamentos de aliança são compromissos sérios. Precisam nascer no coração de Deus antes de serem iniciados no âmbito natural. Minha amizade com Chris Berglund foi assim. Deus mandou Chris à minha vida em 1984, meses depois de eu me mudar para Pasadena a fim de plantar uma igreja na cidade. Nós orávamos juntos por reavivamento às 4h30 da manhã. Em muitas noites insones, nosso coração ardeu em conjunto, enquanto buscávamos a Deus. Ao longo dos anos, meu coração já foi levado às lágrimas várias vezes pelo grande privilégio de ter um amigo como Chris. Em quase todos os momentos mais importantes de minha vida, desde 1984, quer em momentos de desânimo quer em tomada de decisões, Chris tem me procurado com a palavra ou com a revelação exata de que eu precisava. Ele é um profeta para mim. Como Jônatas e Davi, nosso coração se uniu, e somos um em espírito.[4] Como essa jorna-

[4] Cf. 1Samuel 18.2-3.

da aconteceu? Por meio de uma aliança mútua! Chris e eu fizemos uma aliança no início de nossa amizade a fim de "buscar o SENHOR, o Deus dos seus antepassados" (2Crônicas 15.12b). De muitas maneiras, este livro é fruto de tal aliança.

Alguns parceiros de aliança são contemporâneos, como Chris e eu, Frank Bartleman e seu companheiro de oração, William Boehmer, que firmaram uma aliança juntos, em 1905, para se tornar guerreiros da aliança em prol do reavivamento. Outras parcerias de aliança se estendem ao longo dos anos a fim de unir corações de homens e mulheres que jamais se conheceram fisicamente. Até certo ponto, Deus me uniu à herança da aliança de Frank Bartleman.

Um dia, eu estava na biblioteca pública de Pasadena tentando esconder meu choro naquele lugar tranquilo. Eu havia acabado de ler sobre a vida de Frank Bartleman e, de repente, foi como se as luzes tivessem se acendido. Por que meu coração se aqueceu tanto quando li sobre esse homem santo? Por que esses anseios se moveram tão profundamente dentro de mim enquanto eu lia a história do reavivamento em Pasadena e em Los Angeles? De várias maneiras, eu entrei nas alianças dele. Nosso coração ardia pela mesma coisa. Ambos queríamos ver Pasadena completamente dedicada a Deus.

John Dawson, homem que tocou profundamente meu coração, teve uma experiência semelhante à que eu tive com Bartleman. Ele conta:

> Uma das experiências mais emocionantes de minha vida foi estar no mesmo quarto em que David Livingstone nasceu [...]. Ao olhar para as relíquias de sua vida e ler sua luta em prol da África, pensei: "Sem dúvida, Deus abençoará a Escócia por causa desse homem. Enquanto eu escrevo estas palavras, lágrimas me escorrem pelo rosto porque meus antepassados vieram desta terra. Oh, que herança a dirigir minha vida como missionário!".[5]

[5] DAWSON, John. Taking **Our Cities for God:** How to Break Spiritual Strongholds. Lake Mary, FL: Creation House, 1989, p. 92-93. [Disponível em português sob o título **Reconquiste sua cidade para Deus:** estratégias para derrubar as fortalezas espirituais do Diabo. Curitiba: Betânia, 1995.]

Se tal emoção preenche nosso coração ao pensarmos na devoção de homens como Bartleman e Livingstone ao Senhor, quão grande não deve ser a emoção de Deus ao se lembrar desses amigos da aliança e seu sacrifício. O segredo para essa resposta intensa me foi revelado enquanto eu conversava, certo dia, com John Dawson. "Lou" — disse John —, "a aliança é muito mais do que uma transação estéril e legal. As alianças com Deus são cheias de paixão, travadas com aqueles que tocaram seu grande coração. Portanto, quando oramos: 'Senhor, lembra-te de Davi', isso evoca lembranças do Pai do homem segundo seu coração, a ponto de não conseguir se conter. Tais memórias o impelem a agir".

O diário do amor de Deus

O livro *Azusa Street*, de Frank Bartleman, não é meramente uma seleção de pensamentos e atos humanos, registrados para a posteridade, acerca de como alcançaram o reavivamento. É o livro das memórias de Deus, seu diário de amor. Os anais da história estão repletos de relatos dos sacrifícios e de santos que tocaram tanto o coração de Deus que ele os registrou em seu diário de amor, dizendo: "Tragam-me meu diário, meu livro de memórias. Escrevam o nome deles, para que vivam eternamente perante mim! São esses que cativaram meu coração. Eles me pertencem. São meu tesouro peculiar. No dia do juízo, eu os separarei do mundo inteiro. Eu os pouparei, são meus amigos. Sobre eles eu derramarei o meu Espírito Santo".

Malaquias, movido pelo espírito profético, testemunhou a reação de Deus a um grupo radical de adoradores. Sua geração transgredia a aliança. Havia reclamações contra Deus por toda parte. No entanto, esse grupo de homens e mulheres de Deus se reunia para buscar encorajamento mútuo:

> Depois, aqueles que temiam o SENHOR conversaram uns com os outros, e o SENHOR os ouviu com atenção. Foi escrito um livro como memorial na sua presença acerca dos que temiam o SENHOR e honravam o seu nome. "No dia em que eu agir", diz o SENHOR dos

> Exércitos, "eles serão o meu tesouro pessoal. Eu terei compaixão deles como um pai tem compaixão do filho que lhe obedece. Então vocês verão novamente a diferença entre o justo e o ímpio, entre os que servem a Deus e os que não o servem". (Malaquias 3.16-18)

O livro memorial de Deus não é mero lembrete de coisas do passado, pois o Senhor não é Deus que se esqueça e precise de um livro para se lembrar de pessoas, lugares e acontecimentos. Não, o livro memorial de Deus é seu diário de amor, que registra o nome e os feitos daqueles que tocam seu coração. Ele se lembra do que cativou seu coração. E o que evoca reações de lembrança do coração de Deus? Em uma palavra: devoção.

Estratégias apenas jamais provocarão o reavivamento, pois o reavivamento é o transbordar do coração de Deus diante de uma vida derramada. É a resposta do Pai àqueles que o amaram, a quem fez promessas e enviou fogo sobre seus sacrifícios. Esses fiéis passaram para a glória e a recompensa eterna. Então, veio outra geração, a geração de bisnetos "que não conhecia o SENHOR e o que ele havia feito por Israel" (Juízes 2.10). Certo dia, uma dessas descendentes encontrou um livro em meio às antigas relíquias e aos bens preciosos de sua avó, guardados no sótão. O livro era o diário da avó, as histórias de uma mulher cheia de devoção, que orava durante três horas por dia por sua pequena igreja do interior até o Espírito Santo se manifestar e abalar a igreja e a região ao redor. Enquanto ela lia, começou a arder por dentro, dizendo: "Essa é minha herança. Uau! Isso não está acontecendo em minha igreja. Mas poderia!". Então, à medida que lágrimas rolavam de seus olhos e manchavam as páginas do antigo diário, a jovem começou a abrir o coração perante Deus, e outro memorial se formou.

Jesus falou sobre tais relacionamentos de amor e devoção valiosa. Quando uma mulher derramou um frasco de perfume caro em sua cabeça enquanto ele comia, os discípulos reclamaram do desperdício. Mas Jesus os repreendeu, dizendo:

> Por que vocês estão perturbando essa mulher? Ela praticou uma boa ação para comigo. Pois os pobres vocês sempre terão consigo, mas a

> mim vocês nem sempre terão. Quando derramou este perfume sobre o meu corpo, ela o fez a fim de me preparar para o sepultamento. Eu asseguro que em qualquer lugar do mundo inteiro onde este evangelho for anunciado, também o que ela fez será contado, em sua memória. (Mateus 26.10b-13)

Pelo tempo e pela eternidade, o Senhor Jesus fez um memorial a alguém que o amou com muita profundidade. Ele chegou a afirmar: "É isto que toca meu coração: devoção". A devoção é o cerne da aliança com Deus: "Eu me lembro de sua fidelidade quando você era jovem: como noiva, você me amava" (Jeremias 2.2). Note que Deus não diz que se lembra de nosso trabalho duro por ele, nossos ministérios ou das megaigrejas com programas grandiosos. O que ativa sua lembrança é nossa devoção a ele, o anseio de nosso coração por ele, a entrega total para viver diante dele em santidade e ter comunhão com ele em segredo. É isso que mexe as cordas do coração de Deus.

De igual maneira, a maior tristeza ao coração do Pai acontece quando deixamos de amá-lo.

> Conheço as suas obras, o seu trabalho árduo e a sua perseverança. [...] Você tem perseverado e suportado sofrimentos por causa do meu nome e não tem desfalecido. Contra você, porém, tenho isto: você abandonou o seu primeiro amor. Lembre-se de onde caiu! Arrependa-se e pratique as obras que praticava no princípio. Se não se arrepender, virei a você e tirarei o seu candelabro do lugar dele. (Apocalipse 2.2-5)

Não se trata de uma falta de *obras,* mas, sim, de *anseio* no coração por ele. É sobre isso que ele pede que João escreva acerca da igreja de Éfeso. Ele relembra os primeiros dias de Éfeso e o amor que havia ali. Que manifestação santa recebiam naqueles dias! Então, sucumbiram à esteira ininterrupta de atividades religiosas, abandonando Deus pelo excesso de ocupação. A dor que Deus sente quando seu povo perde o primeiro amor também é revelada nas palavras do profeta Jeremias:

> "Espantem-se diante disso, ó céus! Fiquem horrorizados e abismados", diz o SENHOR. "O meu povo cometeu dois crimes: eles me abandonaram, a mim, a fonte de água viva; e cavaram as suas próprias cisternas, cisternas rachadas que não retêm água". (Jeremias 2.12-13)

A ordem de Jesus a seus discípulos durante a última ceia chega até nós. "Façam isto em memória de mim" (Lucas 22.19b). A palavra "memória" (do grego *anamnesis*) é um apelo apaixonado para que os discípulos conservem sempre gravado no centro das afeições a profundidade do amor de Jesus por eles, fundamentado na aliança e no compromisso com eles.

A aliança abre as portas

Fazer um apelo à aliança é mais poderoso que a oração. Em oração, é possível apelar eficazmente a Deus por respostas, mas, na aliança, o parceiro se torna o próprio altar sobre o qual o fogo desce. Não devemos perder de vista o fato de que a morte de Jesus na cruz foi um verdadeiro ato da aliança. "Durante os seus dias de vida na terra, Jesus ofereceu orações e súplicas, em alta voz e com lágrimas, àquele que o podia salvar da morte, sendo ouvido por causa da sua reverente submissão" (Hebreus 5.7). Suas orações só eram eficazes porque provinham de um corpo entregue como sacrifício vivo.

Há uma glória ainda a ser revelada por meio de alianças mútuas entre homens e mulheres, e entre Deus e seu povo. Chris Berglund teve um sonho que confirma essa verdade. Chris disse: "No sonho, vi a glória brilhante de Deus por trás de uma porta entreaberta. Então, eu me virei para você, Lou, e perguntei: 'O que abrirá a porta para a glória de Deus?'. Então, eu contemplei um pequeno cadeado e uma mão que digitava uma combinação e ouvi uma voz dizer: 'A aliança abrirá a porta'".

Outros do Corpo de Cristo estão ouvindo a mesma coisa. Conforme afirmou Francis Frangipane, "ao conversar com líderes de oração nacionais e internacionais, encontro muitos escutando uma voz semelhante: o Senhor está chamando seu povo para se unir a ele no poder da aliança pela nação! É claro que jamais suplantaremos a aliança de Cristo. No entanto, ao tomar nossa cruz, somos chamados a estender o poder redentor da cruz de Cristo ao nosso mundo e à nossa época".[6]

As alianças que eu preciso renovar serão diferentes daquelas que você deve renovar, pois nossa herança e nossas experiências são diferentes. Enquanto Deus me deu uma medida de fé para fazer uma aliança com ele em Los Angeles, assim como Frank Bartleman no início do século 20, não tenho a mesma fé de aliança pela cidade de São Paulo. Talvez essa seja a aliança que você precisa renovar. Faça uma aliança com Deus dentro da esfera na qual ele ampliou sua fé e, então, descubra a história de reavivamento naquela região. Encontre a história dos homens e das mulheres de fé que fizeram uma aliança com Deus em anos passados por aquela área e toque o coração de Deus, lembrando-o dessas pessoas que o amaram e se dedicaram a ele no altar do amor.

Esse toque no coração de Deus por meio de orações de memória parece ser um dom importante que o Senhor nos concedeu a fim de trazer reavivamento à nossa terra. Assim como uma mãe não é capaz de se esquecer do bebê que está amamentando, Deus não consegue se esquecer daqueles a quem amou e com os quais se comprometeu. Suas lembranças de tais indivíduos estão gravadas na palma de suas mãos e, toda vez que ele olha para as mãos, lembra-se com sentimentos profundos de seu amor e de sua devoção disposta ao sacrifício.[7]

Aprendamos a evocar a memória da aliança, orando como fez o descendente do rei Davi no salmo 132, rogando por um apelo às bênçãos divinas sobre a geração seguinte por causa das lembranças de Deus acerca de Davi e sua aliança de amor com ele: "SENHOR, lembra-te de Davi e das dificuldades que enfrentou. [...] Por amor ao teu servo Davi, não rejeites o teu ungido. O SENHOR fez

[6] FRANGIPANE, Francis. **The River of Life.** New Kensington, PA: Whitaker House, 1993, p. 113.

[7] Cf. Isaías 49.15-16.

um juramento a Davi, um juramento firme que ele não revogará" (Salmos 132.1,10-11a).

Que sejamos esses amigos da aliança cujo nome está escrito no livro memorial de Deus, marcado na palma de suas mãos. Que nosso amor pela aliança e nossa devoção sejam como os do rei Davi — pelo Senhor e por aqueles que ele envia para nossa vida como amigos da aliança.

CAPÍTULO 6

O CÉU ABERTO

Ande na estrada do Rei

Em março de 1995, um grupo de 30 intercessores começou uma jornada de San Diego ao norte de San Francisco, cerca de 800 quilômetros de distância, caminhando uma média de 24 quilômetros por dia. Eu fazia parte desse grupo. Nossa rota seguiu El Camino Real, que é a estrada original das missões que se tornaram as cidades fundadoras da Califórnia. A rota que trilhamos incluía ruas sinuosas cujos nomes ainda revelam suas raízes históricas, bem como partes da estrada 101.

Fiquei sabendo dessa peregrinação quando recebi uma visita de um amigo querido, Steve Hawthorne. Steve me convidou a participar do grupo de intercessores que faria uma "caminhada de oração"[1] por toda a extensão de El Camino Real. Nossa tarefa era orar ao longo dessa rota histórica em 40 dias (de 1º de março a 9 de abril de 1995). Nós caminhávamos enquanto orávamos, em arrependimento pelos pecados cometidos durante a história da

[1] Cf. HAWTHORNE, Steve; KENDRICK, Graham. **Prayer-walking.** Lake Mary, FL: Creation House, 1993.

Califórnia. Estávamos ainda mais focados no destino da Califórnia, por isso oramos com a esperança de reivindicar o propósito missionário de Deus enraizado nos primórdios do estado e preparar o caminho do Senhor para uma manifestação mais grandiosa a nossas cidades.

O início da história da Califórnia se tornou muito real para mim à medida que Steve falava. A herança fundadora do estado se encontra nessas 21 missões ao longo de El Camino Real. O pioneiro que as fundou foi o frei Junípero Serra, homem com zelo missionário surpreendente. Junípero Serra exemplificava uma paixão viva pelas missões em muitos espanhóis de sua época. Esses missionários católicos sentiam amor genuíno e distinto por Deus e paixão apostólica de coração de que cada nação fosse impactada para Cristo.

> Quando José de Galvez [o representante governamental da Espanha no México entre 1765 e 1771] compartilhou com Serra sua determinação em ocupar a Alta Califórnia [hoje conhecida como sul da Califórnia], o frade maiorquino imediatamente se ofereceu para ir pessoalmente como o primeiro voluntário "a erguer o estandarte santo da cruz em Monterey". Ele garantiu a Galvez que não faltariam outros missionários para se unir a essa grande iniciativa. Era a oportunidade pela qual Serra havia ansiado e orado — de alcançar terras pagãs e plantar ali a fé em solo virgem. Afinal, era a razão que o havia levado para a América.[2]

Na primeira carta que escreveu da Alta Califórnia, o frei Junípero Serra deu um conselho e uma advertência muito apropriados: "Que aqueles que aqui virão como missionários não imaginem que chegarão para qualquer outro propósito além de suportar dificuldades por amor a Deus e pela salvação das almas".[3] Em uma carta

2 WEBER, Monsenhor Francis J. **The Life and Times of Fray Junípero Serra.** San Luis Obispo: EZ Nature Books, 1988, p. 21-22.

3 Ibid., p. 25.

escrita aos oficiais do colégio apostólico de San Fernando, Serra repetiu as qualificações dos futuros voluntários da igreja para a região: "Aqueles que aqui vêm dedicados à obra santa precisam sofrer sacrifícios, como todos sabem [...]. Nestas partes distantes, deve-se esperar passar por dificuldades, mas estas serão ainda mais incômodas àqueles que estão em busca de todas as conveniências e confortos". Aquilo que o frei Junípero Serra buscava nos outros era, nele próprio, algo natural.[4]

Esses primeiros missionários viajaram, sofreram e plantaram na terra que passaram a amar, ministrando em meio aos povos indígenas pelos quais estavam dispostos a morrer. Em 1773, em sua segunda viagem missionária, "Serra pediu a seus irmãos que o entregassem a Deus, pois jamais veriam sua face de novo. Posteriormente, seu biógrafo escreveu: 'Ele tocou o coração de todos de tal maneira que derramaram lágrimas copiosas. Foram edificados por sua grande humildade e seu fervor em realizar uma jornada tão longe, em idade avançada e com a saúde tão fragilizada que quase não conseguia ficar em pé'. Ele partiu novamente, mas não sem antes escrever ao sobrinho relatando: 'Minha saúde foi restaurada e retornei [...]. Sinto-me pronto para partir em jornada de volta rumo àquela vinha do Senhor'".[5]

Em 4 de novembro de 1775, um grupo de indígenas atacou e matou o padre Luis Jayme na missão de San Diego. A reação do frei Serra à notícia da morte de seu companheiro revela muito acerca das atitudes dos primeiros frades. Longe de se decepcionar e entristecer, ele disse: "Graças sejam dadas a Deus. Agora que o terreno foi aguado com sangue, a conversão dos indígenas de San Diego acontecerá".[6] Suas palavras ecoam a célebre declaração de Tertuliano, pai da igreja primitiva, que disse: "O sangue dos mártires é a semente da igreja".[7] Imediatamente após esse massacre, Serra

4 Ibid., p. 28.
5 Ibid., p. 40.
6 Ibid., p. 50.
7 Ibid.

escreveu ao vice-rei pedindo misericórdia para os indígenas, relembrando-o de que "caso indígenas, pagãos ou cristãos me matem, eles devem ser perdoados".[8]

Infelizmente, nem todos os espanhóis que vieram para o Novo Mundo compartilhavam da perspectiva apostólica de sacrifício do frei Serra e nem toda influência espanhola sobre o solo da Califórnia foi piedosa. Com frequência, as missões se transformavam em entrepostos do imperialismo espanhol e fonte de opressão para os povos nativos. Um conceito equivocado da era colonial era de que, antes de poder "cristianizar" os pagãos, era necessário primeiro "civilizá-los". Esse zelo bem-intencionado de produzir o que se considerava superior e espiritual resultava em uma dominação total e, por vezes, severa dos indígenas. Alguns deles aceitaram Cristo de maneira genuína, mas muito mais conversões foram resultado da coerção. Aliás, muitos nativos da Califórnia sofreram com uma condição análoga à escravidão, à medida que os padres impunham o estilo de vida espanhol em um regime bem estrito. Os povos autóctones também sofreram demais, e sua população foi drasticamente reduzida durante o período das missões e os anos que se seguiram, por causa da introdução de doenças europeias e da interrupção do estilo de vida nativo convencional.

Continua, porém, a ser verdade que a Califórnia foi fundada por missões cristãs. Essa herança continua em gerações recentes, e a atuação missionária desse estado é muito maior do que na maioria dos outros lugares dos Estados Unidos. Muitos ministérios mundiais nasceram aqui. Meu interesse foi, portanto, despertado pela visão de meu amigo. (El Camino Real é um nome de aliança tão extraordinário! A descrição da Califórnia como "vinha do Senhor" pelo frei Serra também é um nome de aliança, que profetiza a fecundidade que brotaria nesse estado.)

Steve e um amigo, Mike Griffiths, haviam levado anteriormente mais de duas semanas para percorrer a rota inteira de carro. Eles mapearam o trajeto todo e conferiram a logística necessária

8 Ibid.

para percorrer o caminho completo de San Diego a São Francisco em 40 dias. Perto do fim da jornada, ambos ficaram extremamente desanimados. Era isso que Deus queria que eles fizessem? Seria fisicamente possível realizar o trajeto em 40 dias? Estavam prestes a cancelar todo o esforço. No momento de desânimo mais profundo, prosseguiram, conforme haviam planejado, e visitaram a missão Carmel, próxima a Monterey, no início da uma manhã de domingo, antes de começarem as missas. No instante em que ambos entraram discretamente pelas portas dos antigos corredores consagrados, o padre lia sem pressa e com ousadia o texto bíblico reservado para a liturgia daquela manhã: "O anjo do SENHOR voltou, tocou nele e disse: 'Levante-se e coma, pois a sua viagem será muito longa'". Steve e Mike ficaram admirados. Estavam assombrados com uma jornada que parecia grandiosa demais para eles. O padre leu mais: "Então ele se levantou, comeu e bebeu. Fortalecido com aquela comida, viajou quarenta dias e quarenta noites, até chegar a Horebe, o monte de Deus" (1Reis 19.7-8). Ambos saíram em direção ao pátio, sem precisar ouvir mais nada. Deus não poderia ter falado com mais poder. Qual era a chance de ouvir a única referência bíblica a uma jornada de 40 dias no momento em que se sentiram mais desencorajados? E uma mensagem sobre Elias anunciada na missão Carmel, cujo nome homenageia exatamente o monte do qual o profeta havia acabado de descer na história das Escrituras, o Carmelo? O Senhor estava selando seu chamado de que queria se reapropriar do manto apostólico original da Califórnia, uma vez que é ali também, na missão Carmel, que frei Serra se encontra sepultado. Steve e Mike se comprometeram a seguir adiante. Foi uma verdadeira honra para mim me unir a eles nessa empreitada e caminhada em sua companhia por 17 dos 40 dias.

Enquanto trilhávamos El Camino Real, nós louvávamos, intercedíamos e proclamávamos que o verdadeiro propósito daquela rodovia era ser a estrada do Rei dos reis, não de um rei espanhol que já morreu havia tanto tempo. Era pelo Senhor que a estrada recebera seu nome. A cada dia, fazíamos orações de arrependimento, identificando-nos, no sentido bíblico, com aqueles que viveram antes de nós e pedindo perdão pelos pecados cometidos nas localizações geográficas pelas quais caminhávamos. Quarenta dias depois, em 9 de abril de 1995 (Domingo de Ramos), o grupo de oração chegou a São Francisco, declarando profeticamente as boas-vindas à renovação de nossas cidades. "Bendito é o que vem em nome do Senhor!" (Mateus 21.9b).[9]

Profetize contra fortalezas demoníacas

Em meio à grande distância que percorremos e os lugares significativos que passamos na jornada, um lugar realmente chamou minha atenção. Construído bem ao lado da trilha original de El Camino Real ficava um templo de cura rosa-cruzista da Nova Era, voltado para o oriente. É nesse lugar que se afirma que residem "espíritos anciãos" de cura. Ninguém tem permissão de entrar. As paredes e as passagens ao redor são cobertas por símbolos ocultistas, astrológicos e maçônicos. Há também uma enfermaria na qual as pessoas moram enquanto aguardam que os espíritos as curem. Um grande pentagrama, desenhado com uma cruz no centro, é o ponto focal de convite espiritual aos demônios.

Na virada do século 20, o fundador desse templo da Nova Era recebeu instruções específicas de um "ser de luz" para ir aos Estados Unidos, procurar o local exato que o "ser" havia descrito e fundar o centro nesse lugar. Uma paixão ardente tomou conta de meu coração ao pisar naquele solo dedicado a Satanás. De sua posição estratégica, em um monte na cidade de Oceanside, a elevação permite que a construção domine o vale inteiro, lançando uma sombra escura sobre a região. Ali, naquela esfera de trevas, profetizei em oração o que acredito ser a vontade de Deus para o local: um dia, esse centro dedicado ao mal se tornará uma casa de louvor e adoração 24 horas por dia. Será um lugar consagrado a Deus para dispensar o verdadeiro dom da cura do Espírito Santo e restaurar

9 Cf. GAZOWSKY, Richard. **The Prophetic Whisper.** São Francisco, CA: Voice of Pentecost, Inc., 1996

o vale inteiro. A estrada missionária sagrada, fundada e percorrida pelos primeiros apóstolos da Califórnia, não será mais bloqueada ou atrapalhada por principados e potestades demoníacos.

As chaves de Davi

Três anos depois, o Senhor iniciou, de maneira um tanto quanto estranha, uma nova ordem de autoridade para eu voltar a orar pela Califórnia e reivindicar aquele monte específico. Sempre que eu me virava, parecia ver o número 222. A princípio, achei que não era nada, mas a reincidência do numeral foi tão fora do comum e óbvia que precisei averiguar se o Senhor estava tentando chamar minha atenção.

Em janeiro de 1998, fui convidado a pregar em Oceanside. Por causa da generosidade de nossos anfitriões, planejei levar minha família inteira a um hotel na praia. Quando entrei no carro e girei a chave para a partida, o horário no relógio mostrou 2:22. Eu disse a minha família: "Aí está esse número de novo!". As crianças riram, mas guardei aquilo em meu coração. No hotel, o recepcionista me entregou a chave para o quarto... 222.

De repente, o espírito de profecia começou a se mover dentro de mim, e Isaías 22.22 inundou o meu interior: "Porei sobre os ombros dele a chave do reino de Davi; o que ele abrir ninguém conseguirá fechar, e o que ele fechar ninguém conseguirá abrir". No mais profundo do meu ser, uma fé sincera e renovada começou a se mover pela Califórnia. A memória da caminhada de oração encheu minha mente e senti o Espírito dizer que havia chegado o momento de se abrirem os Céus sobre a Califórnia e que eu receberia uma chave para ajudar a abri-los. Também senti que Oceanside e o centro rosa-cruzista seriam estratégicos nesse processo.

Em meados de janeiro, John e Paula Sanford realizaram uma conferência na Harvest Rock Church. Em um período de profunda oração e arrependimento com nossa equipe de liderança e o casal Sanford, o Espírito Santo falou com muita clareza a mim: "Lou, é também Gênesis 22.2: 'Tome seu filho, seu único filho, Isaque, a quem você ama, e vá para a região de Moriá. Sacrifique-o ali como holocausto num dos montes que lhe indicarei'". Eu soube ali mesmo que o Senhor estava dizendo: "Sacrifique Rock the Nations".

Rock the Nations [Abale as Nações] é um ministério de jovens maravilhoso, liderado por Gary Black em Colorado Springs. É dedicado a liberar o coração paterno de Deus e despertar reavivamento de oração e missões em meio aos jovens norte-americanos. Deus permitiu que eu fizesse parte do início desse ministério com Rusty Carlson quando ele foi inaugurado de maneira mais pública, em Pasadena, no ano de 1994. Agora ele estava me dizendo: "Sacrifique seu Isaque, o ministério que você ama. Pare de viajar pelo país inteiro por causa do Rock the Nations. Limite suas viagens ao sul da Califórnia, entre Sacramento e San Diego. Volte para casa e lute por Los Angeles e pela Califórnia".

Abrir mão de meu envolvimento com o ministério Rock the Nations foi uma decisão difícil e dolorosa. Lutei para aceitá-la. Certo dia, enquanto ouvia uma gravação em meu carro sobre a aliança de sangue, Kenneth Copeland discorria sobre o sacrifício de Abraão ao oferecer Isaque. Mal pude aceitar quando o Espírito testemunhou mais uma vez ao meu coração acerca da escolha que eu precisava fazer. Sem condições de ouvir mais, tirei a fita do som. O relógio do carro apareceu instantaneamente. Eram 2:22. Dois dias depois, abri mão da minha parte no ministério Rock the Nations, mas me comprometi a ser um pai para eles em intercessão.

No fim de semana seguinte, em Sacramento, pouco antes de me levantar para pregar, a mensagem profética de uma irmã me chacoalhou mais uma vez. Ela disse: "Lou, é 2Samuel, capítulo 22" (as vitórias de Davi sobre os inimigos, baseadas na aliança). Mais uma vez o número 222! Naquele fim de semana, experimentei mais autoridade do que jamais havia vivenciado na pregação referente ao futuro da Califórnia. A obediência libera autoridade. Você ganha favor da aliança com Deus. Eu entregara a ele meu Isaque. E agora ele estava me dando a promessa!

Algumas semanas depois, o evangelista de reavivamento Tommy Tenney, eu e cerca de 50 intercessores fomos para a rua

Bonnie Brae, onde o reavivamento da rua Azusa havia começado. Então, cravamos uma estaca no chão, declarando que esse poço de reavivamento em Los Angeles jorraria mais uma vez. Instantes depois desse momento poderoso de reivindicação de nossa herança, entrei em meu carro e liguei a ignição. O relógio mostrou 2:22 mais uma vez. "O que tu abres, ninguém pode fechar! Ó Senhor, abre os poços!" — clamei.

Derrube os lugares altos

Posteriormente, naquela primavera, o Senhor me conduziu a levar um grupo de 27 intercessores das igrejas pertencentes à Harvest International em uma viagem pelo sul da Califórnia para nos reunirmos com os intercessores de Oceanside, liderados pelo pastor Mike Hubbard, a fim de dedicar um tempo para buscar Deus. Queríamos girar a chave de oração para uma abertura do Céu sobre aquele vale, fechando as portas do Inferno sobre o centro rosa-cruzista. Ironicamente, um monastério maravilhoso, cheio do Espírito, encara o centro rosa-cruzista de frente, no lado oposto do vale. Ao passo que a maioria dos intercessores ficou no monastério para nos cobrir em oração e gritar "Graça, graça" ao centro do outro lado, sete de nós fomos àquele covil do mal a fim de exercer a autoridade do Céu sobre as portas do Inferno.

No início daquela manhã, o Senhor nos mostrou o texto bíblico de Zacarias 4.7, que diz: "Quem você pensa que é, ó montanha majestosa? Diante de Zorobabel você se tornará uma planície. Ele colocará a pedra principal aos gritos de 'Deus abençoe! Deus abençoe!'" [ou "Graça, graça para ela!", em uma tradução livre para o português da New American Standard Bible]. Nossa tarefa era olhar além do que aquele monte havia se tornado e invocar o destino divino que o Senhor havia imaginado para aquele local — um destino, creio eu, que inclui o estabelecimento de um importante centro de oração e louvor. Naquele dia, sete de nós, apoiados pelos intercessores do outro lado do vale, proclamamos que a vitória da cruz prevaleceria sobre esse lugar alto de habitação demoníaca.

Vez após vez, nos livros de Crônicas e Reis, os monarcas são considerados justos ou ímpios, a depender de suas atitudes em relação aos lugares altos de idolatria. Mesmo que tenham reinado por décadas e feito muitas outras coisas, a vida deles é resumida pelo fato de terem ou não removido os altos. Dentre todos os reis, Josias foi o mais zeloso e detalhista na remoção desses altares de idolatria.

> Josias trouxe todos os sacerdotes das cidades de Judá e, desde Geba até Berseba, profanou os altares onde os sacerdotes haviam queimado incenso. (2Reis 23.8)

> Como havia feito em Betel, Josias tirou e profanou todos os santuários idólatras que os reis de Israel haviam construído nas cidades de Samaria e que provocaram a ira do SENHOR. (2Reis 23.19)

O dia em que oramos no templo rosa-cruzista era aniversário de meu filho Josiah. Coincidência? Eu acho que não! (As Escrituras registram que Josias se tornou rei em... isso mesmo, você adivinhou, 2Reis 22!)

Após uma hora de oração e luta, recebemos do Espírito Santo a tranquilidade de que nossa tarefa estava completa. Quando deixamos a propriedade do templo, meus olhos logo se desviaram para uma pequena placa de endereço que eu não havia visto antes. Fiquei estupefato de emoção e fui totalmente pego de surpresa. A alegria explodiu dentro de mim, e o temor do Senhor se apoderou de mim. O endereço daquele lugar abjeto era rua Mission, 2222! Quais as probabilidades de que isso aconteça? Um imóvel com número 22 ou 222 não seria incomum. Mas 2222? Novamente, o Senhor estava confirmando Isaías 22.22: "Porei sobre os ombros dele a chave do reino de Davi; o que ele abrir ninguém conseguirá fechar, e o que ele fechar ninguém conseguirá abrir".

O Senhor estava nos encorajando, dizendo que aquele lugar de fato fazia parte de seu plano para a Califórnia, que ele estava restaurando a "missão" de nosso estado e que as chaves de Davi estavam sendo entregues para abrir aquilo que nenhum ser humano pode fechar... e para fechar aquilo que ninguém é capaz de abrir. Eu acredito que chegará o dia em que Deus removerá a influência predominante do mal sobre esse vale e substituirá a porta para o universo demoníaco por um portal para o Céu.

Quando Deus abre o Céu

Sei que Deus estava nos conduzindo a "preparar o caminho do Senhor" por meio de nossa caminhada de oração ao longo da estrada El Camino Real, em 1995. No curto período desde essa peregrinação histórica, estamos ouvindo relatos animadores de que o fogo do Espírito está começando a queimar com luz mais intensa nos diversos lugares em que choramos, confessamos pecados e profetizamos. Sem dúvida, o rei tem recebido as boas-vindas pela estrada 101 na Califórnia, os poços estão se reabrindo, e as heranças desoladas estão recebendo novos destinos!

De igual maneira, nosso dia de intercessão no templo rosa-cruzista abriu maior acesso à visitação do Céu por meio de nossa obediência a reivindicar os lugares altos para o Senhor. Estou, porém, convicto de que ainda há mais. Creio que Deus quer nos mostrar as chaves para instaurar o dia em que uma atmosfera de "Céu aberto" permanecerá e a realidade da presença de Deus será tão palpável e real que tanto cristãos quanto não cristãos serão tomados por convicção e temor, mudando para sempre cidades e vidas. Acredito que um dia de manifestação divina como os reavivamentos da antiguidade está por vir. David Matthews, ao falar sobre o reavivamento galês, comentou:

> A sensação da presença do Senhor estava por toda parte. Ela invadia, ou melhor, criava a atmosfera espiritual. Não importava para onde se ia, a consciência da realidade e da proximidade de Deus acompanhava. O sentimento das reuniões de reavivamento não se confinava, de maneira nenhuma, a elas. Também se fazia sentir nos lares, nas ruas, nas minas e nas fábricas, nas escolas e, sim, até mesmo nos teatros e nos bares. O estranho resultado era que, a despeito de onde as pessoas se reunissem, ali se tornava um lugar de temor e

> os pontos de diversão e balbúrdia ficaram praticamente vazios [...]. O rumo do reavivamento era irresistível. Os relatos sobre o fenômeno foram a principal notícia da imprensa diária do sul do País de Gales por muitos meses. Obscureceu tudo o mais. Não havia prédio grande o suficiente para conter as multidões [...]. Em cinco semanas, 20 mil se uniram às igrejas somente no sul do País de Gales. Em oito meses, 180 mil foram acrescentados.[10]

Quando os Céus se abrem assim, há uma consciência esmagadora da presença de Deus, seja na experiência pessoal, seja de um jeito tão poderoso que regiões geográficas inteiras são afetadas por uma sensação de temor. Os resultados desse Céu aberto são testemunhados na terra na forma de reavivamento, quando um grande número de pessoas parece entrar para o Reino, atraídas por uma sede irresistível. As questões de eternidade e salvação parecem estar na mente de todos, e a pregação se torna não essencial, uma vez que as pessoas começam a correr para o altar.

Ah, se nossas cidades pudessem vivenciar isso de novo! Sem dúvida, é disso que necessitamos desesperadamente... De uma dispersão dos principados e das potestades que dominam a mente de milhões e da retirada da atmosfera do mal, que deve ser substituída por uma atmosfera celestial!

Precisamos buscar Deus em oração para que os Céus se abram: "Se rompesses os céus e descesses! Os montes tremeriam diante de ti!" (Isaías 64.1). Tal atmosfera não sobrevirá por meio da tentativa de construir uma torre de tijolos de Babel para alcançar o Céu mediante esforços humanos.[11] Em vez disso, a Bíblia nos deixa um exemplo extraordinário de acesso aberto às realidades celestiais. Em Gênesis 28, Jacó teve "um sonho no qual viu uma escada apoiada na terra; o seu topo alcançava os céus, e os anjos de Deus subiam e desciam por ela. [...] Quando Jacó acordou do sono, disse: 'Sem dúvida o SENHOR está neste lugar, mas eu não sabia!'

[10] MATTHEWS, David. I Saw the Welsh Revival. **The Double Outburst**, nov. 1904. In: JONES, R. B. **Rent Heavens**.

[11] Cf. Gênesis 11.1-9.

Teve medo e disse: 'Temível é este lugar! Não é outro, senão a casa de Deus; esta é a porta dos céus'" (v. 12,16-17).

A escada parecia dar acesso celestial a Jacó, de maneira bem semelhante à porta aberta prometida a nós na visão de João:

> Estas são as palavras daquele que é santo e verdadeiro, que tem a chave de Davi. O que ele abre ninguém pode fechar, e o que ele fecha ninguém pode abrir. Conheço as suas obras. *Eis que coloquei diante de você uma porta aberta* que ninguém pode fechar. Sei que você tem pouca força, mas guardou a minha palavra e não negou o meu nome. (Apocalipse 3.7b-8, grifo nosso)

Muitos interpretam essa "porta aberta" prometida à igreja de Filadélfia como uma porta aberta para pregação. No entanto, creio que Apocalipse nos oferece outra interpretação extraordinária:

> Depois dessas coisas olhei, e diante de mim estava uma porta aberta no céu. A voz que eu tinha ouvido no princípio, falando comigo como trombeta, disse: "Suba para cá". (Apocalipse 4.1)

Ele fala sobre acesso desimpedido à realidade celestial!

Ezequiel, Estêvão e Pedro — todos eles viram o Céu aberto.[12] Jesus viu o Céu aberto por ocasião de seu batismo.[13] A palavra usada aqui para descrever a abertura do Céu significa literalmente "partir ou rachar (literal ou figuradamente); quebrar, dividir, abrir, render, fazer uma fenda".[14] Trata-se da mesma palavra usada para caracterizar o corte de alto a baixo na cortina do templo quando Jesus morreu: "E o véu do santuário rasgou-se em duas partes, de alto a baixo" (Marcos 15.38).

Deus quer que seus amigos da aliança tenham acesso ao Céu aberto e deseja levar sua presença para lá! Quer que o vejamos como

[12] Cf. Ezequiel 1.1; Atos 7.56; 10.11.

[13] Cf. Marcos 1.10.

[14] STRONG, James. **Strong's Exhaustive Concordance of the Bible.** Peabody, MA: Hendrickson Publishers, verbete G4977 [s.d.]

ele é e tragamos essa revelação e realidade para todos os lugares aos quais somos chamados!

Note como Jacó teve a experiência de Céu aberto: ele estava dormindo usando uma pedra como travesseiro. Com frequência, as pedras significam aliança nas Escrituras. O momento do sono é dos mais vulneráveis e entregues. Assim, Jacó, deitado sobre a pedra da "aliança", caso queira chamar assim, não estava engendrando, controlando ou tomando a iniciativa quando as portas do Céu se abriram para ele. Em vez disso, Deus agiu em prol desse filho da aliança. Repousar em completa dependência da fidelidade de nosso Deus da aliança e lembrar das promessas da aliança são a maneira mais garantida de ver a escada que leva até o Céu!

Precisamos lutar em fé e oração para que o Céu se abra sobre nossas cidades e se instale uma atmosfera na qual espíritos demoníacos e principados são banidos perante a glória manifesta e a presença de Deus, a fim de que se encontrem livres para subir e descer. Não temos porque não pedimos!

> Peçam, e será dado; busquem, e encontrarão; batam, e a porta será aberta. Pois todo o que pede recebe; o que busca encontra; e àquele que bate, a porta será aberta. (Mateus 7.7-8)

Sem dúvida, a promessa de uma porta sendo aberta se aplica à porta do Céu! Se não temos visto esse sentido universal e inescapável da presença de Deus dominar nossas cidades, se não tem havido escada para o Céu e nenhuma interação dramática com as hostes angelicais, é simplesmente porque não estamos pedindo!

Deus quer nos mostrar essa porta para o Céu e a escada pela qual os anjos sobem e descem. Ele ainda não concluiu sua obra na nação. Não terminou seu trabalho na Califórnia. Está em busca de abrir uma porta para o Céu criada não por esforços humanos, mas, sim, por seu gracioso convite: "Suba para cá".[15] Choro ao pensar na humildade de Jesus. O rei resplendente se posiciona como se fosse

[15] Cf. Apocalipse 4.1.

um estranho na rua, batendo à porta da própria Igreja, aguardando ser convidado para entrar: "Eis que estou à porta e bato. Se alguém ouvir a minha voz e abrir a porta, entrarei e cearei com ele, e ele comigo" (Apocalipse 3.20). Mas onde está o pastor, o porteiro da casa de Deus, que levará a sério a Palavra de Deus, que o reconhecerá e o convidará prontamente para entrar? Quem o chamará para dentro?

Ah, amigos de Deus, eu creio que o Senhor deseja o Céu aberto — chegou a hora de tomarmos posse da promessa que o próprio Jesus fez a Natanael: "Você verá coisas maiores do que essa! [...] Digo a verdade: Vocês verão o céu aberto e os anjos de Deus subindo e descendo sobre o Filho do homem" (João 1.50b-51). Creio que está se aproximando o momento em que Deus deseja proporcionar uma manifestação sem precedentes de hostes celestiais para um reavivamento em massa — e, o mais importante, uma demonstração extraordinária e esmagadora de sua presença. Meu coração arde pelo reavivamento — e para que unamos os corações clamando em sinfonia: "Rasga os Céus e desce, Senhor Jesus! Vem depressa!". Que não deixemos de ocupar nosso lugar perante seu trono até que isso aconteça!

CAPÍTULO 7

TOME POSSE DE SUA HERANÇA

Por volta do dia 1º de maio, um reavivamento poderoso aconteceu na igreja da Lake Avenue, em Pasadena. A maioria dos jovens que foram à frente nas reuniões da missão Peniel frequentava essa igreja. Ali haviam sentido a necessidade de reavivamento. Aliás, vínhamos orando por um reavivamento em massa para Pasadena, e Deus estava respondendo às nossas orações. Encontrei uma obra maravilhosa do Espírito em ação na Lake Avenue. Não havia ali nenhum grande pregador. No entanto, o altar vivia cheio de almas interessadas. Certa noite, quase todos os não cristãos que estavam presentes aceitaram a salvação. Foi uma vitória esmagadora para Deus. A convicção pesava sobre as pessoas. Depois de duas semanas, 200 almas se ajoelharam no altar buscando ao Senhor. [...] Então, começamos a orar por um derramamento do Espírito em Los Angeles e em todo o sul da Califórnia. [...] Clamávamos: "Pasadena para Deus!". Algumas pessoas se sentem satisfeitas demais com a própria bondade. Têm pouca fé ou interesse na salvação dos outros.

Deus os humilhará, passando ao largo deles. O Espírito profere orações por meio de nós em busca de um derramamento poderoso e generalizado. Coisas grandiosas estão a caminho. Pedimos com ousadia, para que nossa alegria seja completa. Deus está agindo. Nós oramos pelas igrejas e por seus pastores. O Senhor visitará aqueles que se mostram dispostos a ceder diante dele.[1]

Estas foram as palavras de Frank Bartleman enquanto orava por Pasadena, em 1905, falando sobre os acontecimentos que posteriormente ficaram conhecidos como reavivamento da rua Azusa. O início desse reavivamento foi, sem dúvida, tão humilde e improvável quanto o nascimento de Jesus. Iniciado em uma parte da cidade com maioria de população negra, os cultos de reavivamento eram realizados em um celeiro, com chão sujo — uma igreja que fora tão negligenciada que era usada como estábulo. William Seymour, o pastor negro de Houston, Texas, que enxergava com um olho só e fora para Los Angeles a fim de pregar em uma igreja do movimento de Santidade, liderou as primeiras reuniões. Quando a igreja em que ele fora servir o rejeitou por pregar o batismo no Espírito Santo — um dom que ele próprio ainda não havia recebido —, Seymour começou a realizar reuniões em uma casa na rua Bonnie Brae. Por ser um homem de grande humildade, coragem, perseverança e fé, deu ao Espírito Santo liberdade plena naqueles encontros (apesar de haver perdido a visão de um olho, Seymour enxergava mais do que a maioria dos homens com ambos os olhos!).

Falar em línguas era uma característica desse movimento, que foi, ao mesmo tempo, sensacional e controverso. O mais extraordinário, porém, foi a diversidade racial que compôs o grupo inicial de reavivamento. Nas palavras de Frank Bartleman, "alguns eram negros, alguns eram brancos".[2] Em uma época na qual os Estados

[1] BARTLEMAN, Frank. **Another Wave of Revival.** New Kensington, PA: Whitaker House, 1982, p. 8-9.

[2] BARTLEMAN, Frank. **Azusa Street.** New Brunswick, NJ: Bridge-Logos Publishers, Inc., 1980, p. 47. [Disponível em português sob o título **A história do avivamento Azusa.** Americana: Impacto, 2016].

Unidos eram segregados e as tensões raciais eram muito reais, o poder do Espírito Santo para transformar corações foi claramente demonstrado tanto em ricos quanto em pobres. Africanos, indígenas norte-americanos, latinos, anglo-saxões, asiáticos — todos os que estavam sedentos compareceram. A despeito da pressão de seu mentor, Charles Parham, Seymour se recusou a segregar as raças, dizendo que era necessário haver um grande ajuntamento na igreja, assim como aconteceu no Pentecoste, transcendendo barreiras de raça, cor, gênero, nação, classe ou posição, a fim de demonstrar que Deus não faz acepção de pessoas e que todos os cristãos são verdadeiramente um em Cristo.[3] "Havia em Jerusalém judeus, devotos a Deus, vindos de todas as nações do mundo. [...] Cada um os ouvia falar em sua própria língua." (Atos 2.5-6)

A mesma união que transcenda tradições culturais, barreiras raciais e preconceitos sociais da rua Azusa é desesperadamente necessária hoje em Los Angeles. No fim do século 20, esta cidade terá se tornado a comunidade mais diversa e internacional da história da humanidade. Nunca tantas línguas, nacionalidades e raças diferentes viveram juntas! Infelizmente, porém, a memória da harmonia racial na rua Azusa costuma ser obscurecida pelo histórico mais recente de conflito racial e desigualdade em Los Angeles.

Precisamos nos reapropriar de nossa herança. Rick Joyner esclareceu sobre essa herança ao escrever no *Morning Star Journal*:

> A história do próprio nome *Azusa* deriva de uma palavra indígena que significa "milagre abençoado". Ela foi registrada pela primeira vez pelo padre Juan Crespi em 1769. [...] Na época, *Azusa* se referia ao lugar de uma antiga vila indígena [...] no cânion de San Gabriel. Ali, uma jovem índia chamada Coma Lee costumava orar e jejuar pela cura de seu povo. [...] Após orar por um chefe que foi extraordinariamente restaurado, ele lhe deu o nome de Azusa,

[3] Ibid.

a fim de celebrar o milagre de cura. Ao longo de muitos anos, Azusa continuou seu ministério de cura, enquanto sua fama se espalhava pelo sul da Califórnia. Durante essa época, sempre que havia sofrimento, as pessoas diziam: "Vá a Azusa para ser curado... Vá a Azusa". Talvez tenha chegado o momento de irmos a Azusa mais uma vez e ser curados das muitas feridas que temos provocado uns nos outros.[4]

Estabeleça um centro de reavivamento

Os Estados Unidos precisam de pessoas como Coma Lee, que jejuou e orou pela cura de seu povo. Necessitamos de intercessores que atuem como atalaias nas brechas de suas cidades, orando dia e noite, arrependendo-se dos pecados dos municípios, lembrando Deus de suas alianças e não lhe dando descanso até que ele volte e estabeleça suas cidades como um louvor na terra.[5] Esses atalaias são a afeição do coração de Deus, a esperança da cidade e o terror dos espíritos das trevas. Nas palavras de Mario Murillo:

> O primeiro passo de um reavivamento é estabelecer um núcleo. Cada cidade necessita de um grupo que se separe como sacrifício vivo.
>
> [...] A voz de Jesus ecoa ao longo dos séculos: "Se dois de vocês concordarem na terra em qualquer assunto" (Mateus 18.19), a promessa é que será feito!
>
> [...] Não há oração que desperte maior temor em Lúcifer do que a prece feita em um núcleo de reavivamento. Um núcleo de reavivamento com a convicção: "Deus nos dará esta cidade!". A estrada à frente é cheia de muitas batalhas, e somente quem persiste de verdade sobreviverá. Estamos pedindo para nos tornar o altar literal sobre o qual o fogo cairá. Você está alistado para o serviço da retribuição divina sobre a atuação satânica em sua comunidade.[6]

4 Baseado no relato em Rick JOYNER, Azusa — The Fire That Would Not Die, **Morning Star Journal**, v. 7, n. 1.

5 Cf. Isaías 62.6-7.

6 MURILLO, Mario. **Critical Mass.** Grand Rapids, MI: Anthony Douglas Publishing, 1985, p. 4-5.

Vários anos depois de ler *A história do reavivamento Azusa*, o livro de Frank Bartleman sobre o reavivamento que abrangeu a região de Pasadena, e clamar ao Senhor pedindo que o manto de oração de Bartleman repousasse sobre mim, comecei a ouvir as inquietações de outros que estavam recebendo uma instrução semelhante em relação a Pasadena. Peter Wagner, especificamente, chamou minha atenção quando começou a criar uma organização chamada "Pasadena para Cristo", palavras bem semelhantes ao clamor feito por Bartleman décadas antes. No início da organização, fui convidado para participar da equipe de intercessão do ministério de Wagner.

Na noite anterior em que devia dar uma resposta ao convite, recebi uma ligação de Chris Berglund, meu amigo de aliança. Chris me telefonou para dizer que me havia visto em um sonho pairando sobre a cidade de Pasadena, e ouviu uma voz da parte do Senhor dizer: "Diga a Lou que ele tem um dom extraordinário de intercessão por sua cidade".

Que confirmação! Dediquei-me imediatamente ao grupo de intercessão. Vários meses depois, por diversas circunstâncias, todos os outros membros da equipe haviam saído, e só sobrei eu. Jamais me esquecerei do dia em que Peter Wagner impôs as mãos sobre mim e me ordenou à liderança intercessora de Pasadena para Cristo.

Por três anos, eu me reuni com um grupo de almas fervorosas que jejuavam e oravam por nossa herança em Pasadena. Em um artigo de nossa *newsletter*, "The Intercessor" [O intercessor], eu os encorajei com as seguintes palavras: "Eu sei que vocês também têm sentido o dever de orar por esta cidade ou por alguma parte específica dela, seja na igreja, seja na escola, seja no trabalho, etc. Deus tem posto a mão no coração de vocês e tranquilamente os tem guiado: 'É hora de orar!'". Então, os incentivei com as palavras de Isaías 62, instruindo-os a permanecer de pé como atalaias sobre os muros de Pasadena, lembrando-lhes dos 300 de Gideão. Também lhes pedi que realizassem "reuniões no cenáculo para encher literalmente a atmosfera celestial sobre Pasadena com uma barragem incessante de artilharia de oração".

Homens e mulheres de Deus, chegou a hora de proclamar qual é nossa herança e trabalhar para reconquistá-la. Alguns de vocês, sem dúvida, já participaram de grupos semelhantes a esse do qual eu faço parte em Pasadena. Você tem sede de Deus e está ansioso por ver a liberação do poder divino em sua cidade. É possível que já esteja orando por isso há muitos anos.

Mantenha a coragem! Nesse período de jubileu, Deus nos convida a pedir com muita fé:

> Qual de vocês, se seu filho pedir pão, lhe dará uma pedra? Ou, se pedir peixe, lhe dará uma cobra? Se vocês, apesar de serem maus, sabem dar boas coisas aos seus filhos, quanto mais o Pai de vocês, que está nos céus, dará coisas boas aos que lhe pedirem! (Mateus 7.9-11)

Sustentado pela promessa da herança

A história de Jabez revela a resposta de Deus quando seu povo clama a ele com ambição santa e grande anseio territorial. O registro desse homem que recebe elogios do Céu e a distinção de ter o nome escrito no livro das memórias de Deus é inserido no meio de uma genealogia sem graça e um tanto quanto tediosa: "Jabez foi o homem mais respeitado de sua família. Sua mãe lhe deu o nome de Jabez, dizendo: 'Com muitas dores o dei à luz'" (1Crônicas 4.9). O nome *Jabez* é semelhante à palavra hebraica que significa *dor*, mas, em vez de se afundar na autocomiseração, Jabez passou a buscar ao Senhor com fervor: "Jabez orou ao Deus de Israel: 'Ah, abençoa-me e aumenta as minhas terras! Que a tua mão esteja comigo, guardando-me de males e livrando-me de dores'. E Deus atendeu ao seu pedido" (v. 10). Essa única oração que mostra sua recusa em se deixar ser dominado pela dor é tudo que sabemos acerca desse homem. Em vez de se demorar em sua dor, ele pediu terra. Como o clamor de meu coração, "Pasadena para Cristo!", ele roga ao Senhor por uma herança territorial. Sua prece agradou tanto ao Senhor que Deus atendeu a seu pedido e o declarou "o homem mais respeitado de sua família".

Qual é o seu campo? Qual é sua herança? A qual tribo espiritual você pertence? Conforme diz John Dawson: "Da mesma forma que as tribos do Antigo Testamento, seu movimento tem um passado, um presente e um futuro coletivo. Sua parte na família de Deus tem um presente, uma promessa e um território para dele tomar posse".[7] Qualquer que seja sua herança, Deus quer dá-la a você! O coração divino bate forte com paixão territorial. A terra é do Senhor, e ele sempre concede terra e territórios como parte das promessas da aliança. Não ter terra nem território é ser amaldiçoado como Caim: "Hoje me expulsas desta terra, e [...] serei um fugitivo errante pelo mundo" (Gênesis 4.14). Que não seja assim entre nós!

Muitos dentro da Igreja têm a mentalidade de órfãos pobres. Aproximamo-nos do trono da graça de Deus com timidez, acovardados pela descrença e esperando muito pouco. Precisamos nos livrar dessa atitude! O Pai tem prazer em nos dar o Reino. Somos escolhidos e destinados a cumprir seus propósitos por nossas cidades! Somente quando nos libertarmos dessa atitude e escolhermos nos aproximar de seu trono de graça com confiança ousada, persistência implacável e expectativa positiva quanto ao futuro é que veremos sua presença envolver nossas cidades e nosso país.

Talvez você sinta medo de pedir sua herança, pois não quer seguir os passos do filho pródigo, que exigiu do pai sua parte antes da hora.[8] Tenha a certeza de que o pecado do filho pródigo não foi desejar a herança, mas, sim, querer tal herança mais do que um relacionamento com o pai e usá-la para fugir do pai e da dependência dele.

O campo que o Senhor lhe deu

Deus muito se alegra tanto em prometer uma herança a seus filhos quanto em dá-la. Ele se agrada daqueles que confiam nele e deseja lhes dar o que já lhes pertence por direito. Foi isso que separou

[7] DAWSON, John. **Taking Our Cities for God:** How to Break Spiritual Strongholds. Lake Mary, FL: Creation House, 1989, p. 94. [Disponível em português sob o título **Reconquiste sua cidade para Deus:** estratégias para derrubar as fortalezas espirituais do Diabo. Curitiba: Betânia, 1995.].

[8] Cf. Lucas 15.11-32.

Josué e Calebe dos outros espiões que Moisés enviou para investigar a terra prometida:

> A terra que percorremos em missão de reconhecimento é excelente. Se o SENHOR se agradar de nós, ele nos fará entrar nessa terra, onde há leite e mel com fartura, e a dará a nós. (Números 14.7b-8)

Quando os filhos de Israel creram no relato dos dez espiões e se recusaram a entrar na terra prometida, Deus os fez peregrinar pelo deserto por 40 anos. Enquanto todos os outros de sua geração morreram, Calebe e Josué continuaram firmes e fortes. O que preservou vivos somente eles de sua geração? Sem dúvida, a promessa da aliança de Deus, de que receberiam a terra pela qual haviam caminhado 40 anos antes.

> Você sabe o que o SENHOR disse a Moisés [...] sobre mim e sobre você. Eu tinha quarenta anos quando Moisés [...] enviou-me de Cades-Barneia para espionar a terra. Eu lhe dei um relatório digno de confiança, mas os meus irmãos israelitas que foram comigo fizeram o povo desanimar-se de medo. Eu, porém, fui inteiramente fiel ao SENHOR, o meu Deus. Por isso naquele dia Moisés me jurou: "Certamente a terra em que você pisou será uma herança perpétua para você e para os seus descendentes, porquanto você foi inteiramente fiel ao SENHOR, o meu Deus". (Josué 14.6b-9)

Observe a ousadia de Calebe ao reivindicar a herança que Deus, por intermédio de Moisés, lhe havia prometido. Primeiro, ele relembra Josué da promessa feita por Deus cerca de 40 anos antes — promessa que ele espera plenamente que se cumpra para ele, seus filhos e os filhos de seus filhos. Que fé! Calebe sabe que Deus está comprometido, pela aliança, a lhe entregar sua herança. Assim, a promessa divina do pacto se torna a base do apelo.

Em segundo lugar, Calebe relembra Josué exatamente de qual seria sua herança: "Pois bem, o SENHOR manteve-me vivo, como prometeu. E foi há quarenta e cinco anos [...]. Por isso aqui estou hoje, com oitenta e cinco anos de idade! [...] Dê-me, pois, a região montanhosa que naquela ocasião o SENHOR me prometeu" (Josué 14.10,12). Fazia mais de 45 anos que Calebe recebera a promessa, mas ela estava fresca em sua memória como no dia em que fora feita! Ele sabia os limites do que lhe fora prometido. E foi específico: "Dê-me, pois, a região montanhosa".

Terceiro, Calebe reconhece que chegou o momento certo para o cumprimento da promessa. É ano de jubileu. Portanto, pede a herança "hoje", e a recebe: "Então Josué abençoou Calebe [...] e lhe deu Hebrom por herança. Por isso, até hoje, Hebrom pertence aos descendentes de Calebe, [...] pois ele foi inteiramente fiel ao SENHOR, o Deus de Israel" (Josué 14.13-14). Assim, Calebe foi à guerra contra poderes demoníacos; prendeu Arba, o valente dos enaquins, e tomou o Quiriate (campo) de Arba, dando-lhe o novo nome de Hebrom, que significa "comunhão".

Quando me mudei com minha família para a casa ao lado do Mott Auditorium, senti Deus me dizer: "Esta terra é a sua Hebrom". Naquela manhã, quando fui à igreja, meu amigo Anthon Davis se aproximou de mim e disse: "Lou, esta é a sua Hebrom!". Sim! O Mott Auditorium se tornaria meu lugar de comunhão, meu lugar de relacionamento da aliança.

Deus também tem uma Hebrom para você. Ele o chamou para um campo missionário. Se seu campo parece estéril e improdutivo, anime-se. Isso lhe dá ainda mais motivos para pedir ao Pai fontes de água! Siga o exemplo da filha de Calebe, que assumiu a mesma atitude assertiva de oração territorial de seu pai, pedindo não só o campo, mas também fontes para irrigá-lo:

> Quando Acsa foi viver com Otoniel, ela o pressionou para que pedisse um campo ao pai dela. Assim que ela desceu do jumento, perguntou-lhe Calebe: "O que você quer?" "Quero um presente", respondeu ela. "Já que me deu terras no Neguebe, dê-me também fontes de água." Então Calebe lhe deu as fontes superiores e as inferiores. (Josué 15.18-19)

A promessa de Deus não é trivial. Ela o mantém vivo enquanto homens estão morrendo a seu redor por toda parte. Por seis anos, vivi ao lado do Mott Auditorium sem ver a chuva prometida por Deus. Esse campo me fora dado em espírito, mas meu clamor era para ver a água do Espírito Santo ser liberada. Em janeiro de 1995, as águas de refrigério foram derramadas e, desde então, dezenas de milhares já beberam dela. Esse refrigério do Espírito tem sido extraordinário aqui em Pasadena, mas não estou satisfeito. Quero as fontes de água, tanto as superiores quanto as inferiores. Estou sedento de que Deus me dê não só um tanque, mas as chuvas temporã e serôdia!

Encontre o campo que Deus lhe deu. Se você não sabe onde ele está, peça-lhe que o revele. Então, assim como Calebe e o apóstolo Paulo, o qual também reconheceu o campo específico que lhe fora atribuído, defina seus limites e permaneça dentro deles. Ir além é presunção.

> Nós, porém, não nos gloriaremos além do limite adequado, mas limitaremos nosso orgulho à esfera de ação que Deus nos confiou [...]. Não estamos indo longe demais em nosso orgulho, como seria se não tivéssemos chegado até vocês, pois chegamos a vocês com o evangelho de Cristo. Da mesma forma, não vamos além de nossos limites, gloriando-nos de trabalhos que outros fizeram. Nossa esperança é que, à medida que for crescendo a fé que vocês têm, nossa atuação entre vocês aumente ainda mais, [...] sem nos vangloriarmos de trabalho já realizado em território de outro. (2Coríntios 10.13-16)

Paulo confinava seu relato ao campo que lhe fora designado, mas na esperança de que sua área de atividade se expandiria bastante. Ele sonhava em ir aonde nenhum ser humano havia chegado.

Essa é a paixão de Deus, a verdadeira visão apostólica. Ele atribuiu a homens e mulheres campos em todas as cidades e nações, bem como em meio a pessoas de toda raça, tribo e língua, até os brados ecoarem em verdade: "Do SENHOR é a terra e tudo o que nela existe" (Salmos 24.1)! Seja zeloso em encontrar seu campo. Então, tome posse dele como sua herança para sempre, mesmo que o campo pareça seco e estéril. Jejue e ore até Deus derramar seu Espírito e a chuva refrescante cair. Aquele que o coloca em campo é fiel e verdadeiro em transformar em realidade tudo aquilo que promete.

A abertura de um antigo poço

Estamos começando a ver isso em Los Angeles. O artigo a seguir sobre a rua Azusa, escrito por um jornalista respeitado, foi publicado no *Los Angeles Times* enquanto este livro era escrito. Traz notícias animadoras sobre o renascimento desse velho poço. O autor narra com franqueza seu encontro com esses "pentecostais".

> Ajoelho-me no carpete cinza limpo e macio, firmo meu corpo repentinamente vacilante me segurando no banco à frente. Há outra força que me impede de cair, uma mão ligeiramente trêmula em minhas costas. [...] É a mão do irmão Arturo, de Guadalajara. Diácono da igreja, é meu guia espiritual nessa tarde de domingo [...] onde vivem gângsteres *chicanos* idosos, imigrantes recém-chegados e trabalhadores pobres, funcionários de fábricas locais e campos desérticos.
>
> Se você quer uma experiência religiosa que se assemelhe aos tempos turbulentos em que vivemos, os pentecostais podem lhe proporcionar. Cerca de 400 milhões de outras pessoas do mundo inteiro pensaram de maneira semelhante e, diferentemente de mim, deixaram o catolicismo ou qualquer outra igreja "tradicional" em que cresceram. O pentecostalismo é a religião de nossos tempos. Tem o tom certo (apocalíptico), o ritmo certo (rápido), a filosofia certa (alcance comunitário como bálsamo para a fragmentação e paranoia urbana). Dá para dizer que o pentecostalismo é a MTV das religiões: é tendência, exatamente o que um bando de adolescentes pentecostais de calça *jeans* rasgada e camisa de flanela me

disse em um reavivamento gigantesco na Cidade do México recentemente: “Nós gostamos porque é *diferente*”.

Em 9 de abril de 1906, em uma casa de madeira da rua Bonnie Brae (em um bairro hoje denominado Pico-Union), um novo Pentecoste aconteceu. Com o tempo, o rebanho que se reunia em Bonnie Brae e posteriormente em um ex-estábulo na rua Azusa, no centro da cidade, tornou-se famoso por causar um tremor que abalava a escala Richter espiritual. As reuniões pentecostais contavam com todos os aparatos do cristianismo primitivo, sobretudo o lado místico e, às vezes, assustador de “falar em línguas”. Também era uma experiência claramente de Los Angeles, já que a Cidade dos Anjos sempre foi um lugar no qual, apesar de seu individualismo radical, segregação racial e de classe, as pessoas, em momentos cruciais, sempre dão um jeito de se unir e se erguer acima de tudo.

Entre os primeiros seguidores do pregador negro William Joseph Seymour, havia negros, brancos e mexicanos. Em comum entre eles, o fato de todos terem recursos modestos. Eram “os esquecidos”, a quem as denominações tradicionais haviam, aos poucos e em última instância, negligenciado.

Quase um século depois, às vésperas do novo milênio e com um forte tom de milenarismo no ar, Los Angeles está a caminho de cumprir a promessa da rua Azusa. Próximo ao corredor entre os bairros Echo Park e Silver Lake, na Sunset Boulevard, dezenas de lojas se fecharam quando a região passou por um declínio econômico, na década de 1980. Hoje, se você cruzar a Sunset, entre a Alvarado e a Fountain, testemunhará um reavivamento que deixaria a irmã Aimee Semple McPherson orgulhosa. (A igreja pentecostal que ela fundou, recentemente reformada, fica um quarteirão abaixo da Sunset, em Echo Park, e seria, hoje, um lugar silencioso sem os membros asiáticos, latinos e do leste europeu.) “Quantas vezes eu orei à Virgem de Guadalupe para meu marido parar de beber e pedindo mais dinheiro para comprar as coisas de que necessitávamos” — contou-me recentemente uma mãe latina em um culto de reavivamento em Los Angeles. “Mas só aconteceu quando começamos a frequentar a *iglesia cristiana*.”

> O avivamento pentecostal pode ser entendido como uma ressacralização democrática da vida na famosa e hedonista Cidade dos Anjos. O que ainda precisa acontecer é o tipo de Pentecoste que, como nas ruas Bonnie Brae e Azusa, cure a torre de Babel moderna de Los Angeles e una ricos e pobres, negros e brancos. Na virada do século, as línguas faladas pelos fiéis eram radicalmente diferentes, embora unidos no Espírito (ou, em termos mais seculares, no interesse comum em um mundo melhor, aqui e agora). Mas existe fé entre os imigrantes de que esse dia chegará em breve.[9]

Louvado seja Deus! Que mensagem profética extraordinária para nossos dias! Ela preenche meu coração de esperança! Que você também encontre suas fontes de encorajamento no meio do deserto e que tomemos posse de nossa herança a fim de que a terra de fato se encha "do conhecimento da glória do SENHOR, como as águas enchem o mar" (Habacuque 2.14).

"Pede-me, e te darei as nações como herança e os confins da terra como tua propriedade" (Salmos 2.8). Nós te pedimos, Pai, como representantes de teu Filho aqui na terra. Ouve nossas orações.

> *Poderoso Deus, dono do Céu e da terra, nós nos unimos às orações de teu Filho. Dá-nos como herança as nações do mundo e os confins da terra como nossa possessão. Senhor, dá-nos Pasadena, dá-nos Los Angeles. Dá-nos cada igreja, bairro, cidade e nação onde plantaste teus serviços para ceifar a colheita. Concede à tua Igreja sua herança das cidades da terra. Recusamos o conselho do desespero. Confiamos em ti e cremos em tua Palavra, a qual nos garante que toda a terra adorará perante o trono do Rei. Nós proclamamos tua promessa de que toda língua e tribo comparecerão diante de ti em adoração, e invocamos essa realidade. Envia missionários ao mundo. Dá-lhes teus campos e permite que os possuam por tua causa e para a tua glória. Amém.*

[9] MARTINEZ, Rueben. **Los Angeles Times**, artigo de opinião, 29 mar. 1998. p. M1, M3.

CAPÍTULO 8

LUTE POR SEU POÇO

Restauração de heranças desoladas

A faculdade conhecida como Pasadena Nazarene College havia se mudado para San Diego. Erik Stadell era um missionário sueco que morava em uma das casas do *campus*. Agora que a faculdade estava vazia, o Senhor pusera no coração de Erik o desejo de orar com fervor para que a propriedade se tornasse, de algum modo, um centro missionário.

Certo dia, um funcionário da manutenção viu Stadell de pé do lado de fora da capela e se ofereceu para abrir, a fim de que ele pudesse orar lá dentro. Erik recorda: "Entrei, e o encargo de orar caiu pesadamente sobre mim. Eu orei o dia inteiro e noite adentro. Minha esposa mandou meus filhos irem me procurar, mas eu disse a eles que não podia ir embora — ainda não. Orei por uma semana antes que o Senhor me desse permissão para partir".[1] Nos dias seguintes, Erik continuou rodeando o *campus* em oração, reivindicando-o para

[1] WINTER, Roberta H. **Once More Around Jericho:** The Story of the U.S. Center for World Mission. South Pasadena, CA: William Carey Library, 1978, p. 29.

a causa das missões. Ele clamou a Deus por uma promessa da aliança, dizendo: "Perante a face do Senhor, nosso Deus, nós falamos e confessamos que o *campus* de Pasadena College é consagrado para as missões mundiais e jamais pode pertencer a nenhum outro propósito".[2]

Erik havia se encontrado com o dr. Ralph Winter, um de seus professores na Fuller School of World Mission [Escola de Missões Mundiais Fuller], e os dois se tornaram bons amigos. O dr. Winter também tinha sentido a pesada responsabilidade de orar pela instituição de um grande centro missionário, que abrisse caminho para uma atuação global em busca de uma nova iniciativa final de alcance às nações e aos povos ainda não atendidos por nenhuma agência missionária, os chamados "povos não alcançados". Quando Winter falou no Congresso Internacional de Evangelização Mundial, em Lausanne, em 1974, destacou que 2,5 bilhões de pessoas do mundo ainda não haviam sido alcançados e não havia nenhuma forma de testemunho culturalmente sensível no meio deles. Criou-se, então, um grupo de discussão para investigar a possibilidade de fundar um importante centro missionário que mobilizasse as igrejas e as agências de missões a fazer algo acerca dessa necessidade. No início de 1976, os planos já haviam amadurecido, e a propriedade pela qual Erik vinha orando parecia o melhor lugar.

Esse local era dedicado à glória de Deus! Logo após a virada do século 20,[3] um grupo de ministros e leigos piedosos que desejava capacitar rapazes e moças para o ministério adquiriu a propriedade, que ficou conhecida como Nazarene College. Uma ótima herança espiritual repousava sobre o local. Aliás, todas as ruas em volta têm o nome de lugares e pessoas que passaram por reavivamentos históricos — como as avenidas Wesley, Whitefield, Asbury e Bresee!

Contudo, a faculdade havia se mudado e precisava pagar a nova propriedade em San Diego. Embora tivessem recebido ofertas de mais de cem organizações, em 1976, após mais de seis anos de

[2] Ibid., p. 30.

[3] A primeira publicação deste livro data de 1998, uma nova edição revista pelo autor foi realizada e lançada em 2021, no original. [N. E.]

negociações, ainda não haviam encontrado um comprador para a propriedade de Pasadena. Uma seita da Nova Era, a Igreja Universal e Triunfante (também conhecida como Summit Lighthouse), demonstrou fortíssimo interesse por essa santa propriedade e havia oferecido uma grande soma de dinheiro para a opção de compra. O conselho diretor sabia demais sobre o grupo para estar feliz com essa opção, mas, ao mesmo tempo, encontrava-se desesperado para vender ou alugar o *campus*.

Com a visão de um centro de missão estratégica ardendo em seu coração, o dr. Winter entrou em contato com o conselho diretor, que estava extremamente dividido em relação a vender ou até mesmo alugar o local para a seita. No dia seguinte, em um grande momento decisivo, a diretoria votou permitir que o grupo da Nova Era alugasse quase todos os principais prédios do *campus*, com exceção de três, mas negou a opção de compra. Em poucos dias, a equipe do dr. Winter recebeu permissão de alugar uma pequena parte de um dos prédios não alugados e começar a longa jornada de angariar os milhões de dólares necessários para comprar a propriedade inteira.

Depois que a seita tomou conta, os dormitórios, que antes eram o lar de tantos jovens em treinamento para ser pastores ou missionários cristãos, estavam agora cheios de adeptos, cantando para seus mestres espirituais: São Germano, Krishna, Buda e outros "guias espirituais", que, com frequência, davam ordens por meio da médium residente e líder da seita, Elizabeth Clare Prophet. Um enorme Buda agachado, na plataforma onde antes o evangelho era pregado, e o canto repetitivo de "EU SOU", feito pelo grupo, que acreditava em uma estranha mistura de budismo e hinduísmo, enchia o auditório e as ruas ao redor 24 horas por dia. Durante os congressos da seita, uma multidão fascinada "canalizava energias" onde antes os nazarenos se reuniam para suas reuniões campais, com centenas e talvez milhares se ajoelhando em lágrimas no altar do arrependimento, a fim de confessar seus pecados e se encher do Espírito Santo. Os nazarenos que ainda moravam na região estavam bem angustiados com essas mudanças.

Na Fuller, o dr. Winter finalmente se deu conta de que, para essa propriedade ser destinada às missões, ele e a família precisariam dar sozinhos um passo de fé, mesmo diante de desafios tremendos. Nenhum de seus amigos queria receber a culpa de incentivá-lo a realizar um plano que, caso não tivesse êxito, poderia destruir sua reputação e seus recursos econômicos para sobreviver. Por isso, sua família e alguns jovens amigos começaram a orar com fervor para que Deus realizasse milagres caso a instituição de um centro missionário fosse, de fato, da vontade do Senhor!

Por meio de orações contínuas, jejuns periódicos e muito trabalho duro, esses guerreiros fiéis lutaram por sua herança prometida. Como Gideão, com suas tochas e seus jarros, usaram métodos que, por vezes, pareciam ridículos para quem observava de fora. Até mesmo a seita, olhando do outro lado da rua, zombava de suas "marchas de Jericó", quando o dr. Winter e seus apoiadores, com cristãos da cidade inteira, rodearam o *campus* em oração por sete domingos durante o período mais quente do ano, clamando por vitória.[4]

Depois que a seita foi embora, o centro de missões mundiais [U.S. Center for World Missions] passou a usar a propriedade inteira e, enquanto ainda tentava pagar pelo *campus*, aos poucos começou a restaurar seu destino da aliança de ser dedicado às missões mundiais. Os prédios receberam nomes significativos da aliança, homenageando grandes homens e mulheres missionários. Os nomes incluem o de pioneiros como Hudson Taylor (missionário inovador na China), Donald McGavran (pai do movimento de crescimento de igrejas) e Gladys Aylward (célebre missionária na China). Essa obra de reforma, porém, levou tempo. Embora a entrada tenha sido paga, as parcelas trimestrais de 250 mil dólares deixavam pouco dinheiro restante para reformas. Havia somente sete pessoas para cuidar da propriedade inteira. Em determinado momento, não havia um pedaço de grama verde em todo o terreno.

O auditório principal, um dos maiores da cidade de Pasadena, foi renomeado John R. Mott Auditorium (em homenagem a um

[4] Ibid., p. 171.

dos principais líderes do movimento de estudantes voluntários que enviou milhares de jovens para o campo missionário).[5] Construído em 1946, suas paredes externas ainda exibiam promessas de Jesus: "Bem-aventurados os que têm fome e sede de justiça, pois serão satisfeitos. [...] Bem-aventurados os puros de coração, pois verão a Deus" (Mateus 5.6,8). Em determinado momento, uma grande viga do auditório quebrou, e o teto inteiro podia desabar a qualquer instante. Uma doação inesperada, recebida poucos dias antes, de uma mulher maravilhosa de Phoenix, permitiu o gasto de 96 mil dólares para reparar o problema. Isso aconteceu semanas antes de um terremoto extremamente forte, que abalou o sul da Califórnia.

A reconstrução física do *campus* não foi a única restauração iniciada pelo centro de missões. Em diversas ocasiões, a equipe do centro e outros precisavam ir a todos os prédios, em especial ao Mott Auditorium, a fim de quebrar, pela oração, as maldições residuais que sentiam ainda estar atreladas ao *campus*. Assim, por meio de muito trabalho, muita oração e compromisso financeiro, esse centro de missões mundiais buscou se reapropriar dessa herança desolada, incluindo o auditório, que tanto fora profanado pela seita no passado. Foram necessários 13 anos, mas milagres aconteceram. Embora fossem poucas as pessoas trabalhando para obter os recursos necessários a fim de comprar o *campus*, o Senhor, fiel à sua Palavra, proveu os meios necessários!

Indivíduos como Jim Johnston (hoje pastor conosco na Harvest Rock Church) e seu rebanho, The Cornerstone [A Pedra Fundamental], continuaram esse processo de restauração. Cultuando no Mott Auditorium antes de nossa mudança para lá, também percorreram caminhos para reconquistar a glória e reconstruir os alicerces. Em 1989, quando nossa igreja se mudou para o Mott Auditorium, parecia que Deus estava permitindo que Ché Ahn, eu e nossa família da fé tivéssemos uma entrada mais ampla e pudéssemos reivindicar ainda mais território.

5 Ibid., p. 46.

Na época, eu tinha um escritório em cima do auditório. Lembro-me de ter ido cedo de manhã para meu "quarto de oração", aquela construção imensa, cheia de eco, com cerca de 2.500 assentos vazios e empoeirados. Embora o prédio fosse usado apenas raramente, a presença de Deus continuava ali! Enquanto eu orava, ele falava ao meu coração: "Mude-se para uma casa próxima daqui. Aproxime-se deste prédio, porque algo vai acontecer ali". Então, eu me mudei para uma casa do outro lado da rua.

Nos dias e semanas que se seguiram, Deus começou a me dar uma visão para o Mott Auditorium. Aquele prédio voltaria a ser um lugar de sua morada. Eu havia recebido anteriormente uma ordem clara do Senhor: "Eu o guardarei e farei que você seja uma aliança para o povo, para restaurar a terra e distribuir suas propriedades abandonadas" (Isaías 49.8b). Agora, Deus estava chamando a mim e outros para fazer exatamente isso — cumprir o destino missionário daquele *campus* santo que fora consagrado a Deus por todos aqueles anos pelos nazarenos fundadores, bem como pelas orações de Erik Stadell, Ralph e Roberta Winter. Deus queria que dedicássemos aquele teatro imenso como lugar de sua presença e um poço de reavivamento, a fim de reconquistar o propósito para o qual ele o ordenara. Conforme escreve Derek Prince, "essa obra de restauração é o propósito de Deus para seu povo neste tempo. O meio divinamente ordenado de realizar isso é a oração e o jejum".[6] Assim, a igreja começou a jejuar e orar.

Recebi essa visão do Senhor seis anos antes do reavivamento descer sobre o Mott Auditorium, em 1995. Eu não fazia ideia do que estava por vir! Mas Deus me deu a promessa de que haveria uma casa de oração 24 horas naquele lugar da aliança. Ele moveu meu coração para crer que aquele prédio desconhecido faria jus ao nome da aliança de John R. Mott Auditorium, enviando milhares de jovens para as missões. Também cumpriria seu destino nazareno

6 PRINCE, Derek. **Shaping History Through Prayer and Fasting.** New Kensington, PA: Whitaker House, 1973, p. 215.

de ser um berço de reavivamento. Deus cumpriria sua fidelidade à aliança naquele lugar. Mas ele precisou me encorajar vezes seguidas de que faria isso.

Compromisso territorial

Quando um grupo de 12 pessoas se mudou, em 1984, com muita fé e expectativa, de Maryland para Pasadena, eu estava cheio de visões de um reavivamento iminente. Então, os meses se transformaram em anos, e uma sensação de falha e desilusão tomou conta de mim. Nosso campo de sonhos havia se transformado em um campo de pesadelos! Por anos, fizemos reuniões de oração bem cedinho, convocamos jejuns coletivos e nos derramamos na presença do Senhor, mas nada de concreto parecia acontecer.

Então, ouvimos falar sobre os cultos de reavivamento realizados na Anaheim Vineyard Church. Paul Cain e Mike Bickle (pastor sênior da Metro Christian Fellowship, de Kansas City) estavam liberando uma verdadeira torrente de fervor. Sinais e dons proféticos explodiam por toda parte. Dentro de mim, sentia arder o desejo de participar daqueles cultos — ou de estar em qualquer outro lugar, menos naquele local estagnado onde eu parecia me encontrar! Tudo dentro de mim gritava: "É hora de deixar Pasadena e ir para Kansas City!". Eu só queria a presença de Deus, e não parecia que ele estava no campo que nos havia concedido!

Um a um, meus melhores amigos e companheiros de fé começaram a sair de minha igreja e cidade. Eles também estavam sedentos por Deus. E foram para Vineyard. Foram para Kansas City. Um sentimento profundo de abandono encheu meu coração. Eu estava cansado de ir a poços de outras cidades para receber água. "Deus, dá-me água em Pasadena!" — era meu clamor.

Certo dia, Rondi Moore, uma irmã profética, me trouxe uma mensagem que mudaria minha vida para sempre. Ela disse: "Você está sempre em busca de beber da fonte de outras pessoas, mas há um poço debaixo de *seus* pés! Cave-o!".

Uma palavra do céu pode mudar o destino de um homem. Em vez de deixar Pasadena, como era meu desejo, peguei minha pá do jejum e da oração matinal e continuei cavando. Muitos outros irmãos e irmãs fiéis se uniram a mim. Eu sabia que havia água debaixo de meus pés. Só precisava alcançá-la. Era o poço que meu antepassado espiritual Frank Bartleman havia cavado em 1905. Era o poço dos nazarenos que construíram o auditório. Era o poço de Erik Stadell. Eu não sabia por quanto tempo precisaria cavar, mas me comprometi com a tarefa. Deus havia prometido que o Mott Auditorium era o lugar de minha herança; era meu por direito.

Bem, cavar é um trabalho duro. Em 1990, quando eu estava na luta contra a decepção, à medida que um amigo após outro saía da igreja, o Senhor deu uma mensagem a Chris Berglund. Em sonho, Deus falou: "Você [Chris] irá para Kansas City, mas diga a Lou que está tudo bem. Vocês dois se unirão de novo". Que amoroso e íntimo da parte de Deus compartilhar isso com seus filhos. Ele havia falado com muita clareza a Chris; então, ele partiu para Kansas City, e eu continuei ali.

Pasadena estava seca naqueles dias. Havia fome em minha terra prometida. Como Isaque, porém, que precisou permanecer na terra na qual sua família era chamada repetidamente de "estrangeira",[7] eu também deveria ficar em Pasadena e lutar por minha herança.

Permanecer na terra prometida durante um período de fome nunca é popular. Historicamente, as pessoas migram para onde conseguem encontrar comida com mais facilidade — seja no Egito, seja em qualquer igreja com maior fartura. Mas Isaque obedeceu a Deus e permaneceu na terra, apesar da seca, plantou um campo e colheu cem vezes mais![8]

Quando houver fome na terra da promessa, não a deixe a fim de ir para o Egito, a menos que o Senhor ordene. Recuse-se a julgar a colheita que virá pela seca que está suportando! Você nunca sabe quando há uma colheita se aproximando.

Duas semanas depois de Chris se mudar para Kansas City, ele se viu no meio de um derramamento do Espírito junto a seus alunos

[7] Cf. Gênesis 28.4.

[8] Cf. Gênesis 26.12.

na Dominion Christian School, da Metro Christian Fellowship de Kansas City. Por quarenta dias, mal conseguiu ensinar, pois as crianças ficavam cheias do Espírito durante a aula, tinham visões e oravam por quatro a cinco horas por dia. Que inveja! "Por que eles, não nós?" — era minha queixa a Deus. Eu estava feliz por Chris, mas havia orado com ele por anos para vivenciar esse tipo de coisa. No entanto, Deus havia dito: "Há um poço debaixo de seus pés. Cave-o!".

Durante esse período difícil, Chris me ligava exatamente quando eu mais precisava e encorajava meu coração no Senhor. Ele havia conhecido um antigo profeta que vira a glória de Deus após os reavivamentos de cura realizados por Alexander Dowie em Zion, Illinois. Esse humilde e precioso profeta não sabia nada sobre Chris, muito menos sobre o relacionamento dele comigo. Uma das primeiras palavras que esse homem cheio de amor por Deus falou a Chris foi:

> Você tem um amigo que mora na fronteira do norte de Pasadena e sul de Altadena. Ele [referindo-se a Lou] está em busca de reavivamento e sabe que o verdadeiro espírito de reavivamento está prestes a começar, buscando a face de Deus e se assentando aos pés de Jesus. Você tem um relacionamento com esse homem que nasceu no céu! Ele tem nome alemão, e você precisa conservar esse relacionamento. Vocês se unirão de novo.

Como me senti animado ao receber essa mensagem! Era uma confirmação do meu chamado como intercessor do reavivamento e escavador de poços na terra de minha herança.

Como é grande o amor e a misericórdia de nosso Deus! Caso eu tivesse partido de Pasadena, o território de minha herança, no início da década de 1990, teria perdido as muitas bênçãos e heranças que recebi desde então e ainda tenho por receber. Mas Deus conhecia meu endereço e foi fiel em me encorajar depois que assumi o compromisso de permanecer onde ele me plantou.

O princípio é este: você precisa fazer um compromisso territorial com a terra de sua herança. Se você não sabe qual é, peça a Deus que lhe revele. E, se você não gostar do lugar específico no qual Deus o colocou, peça-lhe que implante a visão que ele tem para sua herança em seu coração. Caso contrário, você jamais terá confiança ou força para resistir em períodos de fome ou oposição.

Lembro-me da história de um pastor que morava em uma cidade para a qual tinha pouca visão. Na esperança de um chamado melhor, vivia de malas prontas. Certo dia, Deus o instruiu a se estabelecer — desfazer as malas e comprar um local de sepultamento. O desafio era assumir um compromisso territorial! Assim que o pastor se sujeitou a Deus, um amor profundo por aquele campo inundou seu coração e uma revelação estratégica para a cidade tomou conta dele. Havia encontrado a terra de sua herança!

As quatro pontas do poço do reavivamento evangélico

Em 1995, a renovação jorrou no Mott Auditorium. Enquanto gritávamos, comemorando: "Encontramos água!", eu não fazia ideia da profundidade do poço que havíamos acabado de abrir. Desde 1º de janeiro de 1995, quando a onda de refrigério tomou conta de nós, milhares entraram por nossas portas e aceitaram a salvação, foram curados, libertos e banhados pelo amor do Pai. Diversas pessoas receberam visões pessoais e tiveram encontros sobrenaturais com o Senhor enquanto "repousavam no Espírito", no chão do auditório.

Certa noite de inverno, em 1996, o Espírito veio sobre mim de maneira especial. De repente, era como se eu pudesse ver Aimee Semple McPherson (a fundadora da Igreja Internacional do Evangelho Quadrangular, que surgira a poucos quilômetros de distância). Comecei a exclamar: "Aimee está voltando! Aimee está voltando!". Bill Bower, que estava orando por mim, começou a dizer: "Vejo as quatro faces do querubim". (Nenhum de nós sabia que as quatro faces eram os emblemas da Igreja Quadrangular.) "Sim!" — exclamei. — "É Ezequiel, capítulo 1. A glória está voltando para a igreja".

Esse encontro foi tão profundo que imediatamente comecei a procurar livros sobre Aimee Semple McPherson e a Igreja

Internacional do Evangelho Quadrangular. Enquanto eu lia o livro *Aimee: Life Story of Aimee Semple McPherson,* fiquei cativado pelo relato da própria Aimee acerca de como ela recebeu o termo "quadrangular".

> Eu estava [...] nesse reavivamento em Oakland, em julho de 1922. A grande tenda estava lotada, com multidões de pé ao redor de seus limites, sem encontrar lugar debaixo do toldo. O Espírito de Deus se manifestou de maneira extraordinária. O grande público ouvia com atenção impecável a minha mensagem sobre "A visão de Ezequiel".
>
> Minha alma estava maravilhada, e meu coração, repleto de empolgação pela história incandescente da visão celestial que parecia encher e permear não só o tabernáculo, mas toda a terra. Nas nuvens do céu que se revelavam e desvelavam em glória ardente, Ezequiel contemplou o ser cuja glória nenhum mortal é capaz de descrever. Ao contemplar a revelação maravilhosa do Onipotente, ele identificou quatro faces, uma de homem, uma de leão, uma de boi e uma de águia.
>
> Na face do leão, contemplamos o batizador poderoso com o Espírito Santo e o fogo. A face do boi tipifica o grande carregador de fardos, o qual tomou sobre si nossas enfermidades, carregou nossas doenças e, em seu amor ilimitado e provisão divina, supriu todas as nossas necessidades. Na face da águia, vemos refletidas as visões do Rei vindouro que cativam a alma, cujas penas logo cruzarão o céu brilhante, cuja voz vibrará através do universo em cadências empolgantes com o poder da ressurreição, ao ir buscar sua noiva que aguarda à distância. E, na face do homem, contemplamos o Salvador, o homem de dores, familiarizado com o sofrimento, que morreu no madeiro por nossos pecados. Aqui está um evangelho perfeito, o evangelho pleno, para o corpo, a alma, o espírito e a eternidade, um evangelho que encara de maneira quadrangular todas as direções.
>
> A tenda inteira estava envolta quando fiz essa exposição da Palavra de Deus. Era como se cada alma ali presente tremesse

> em harmonia com a música celestial. Em minha alma, nasceu uma melodia que parecia entoar e ser sustentada por quatro cordas cheias, enquanto eu pensava na visão do profeta Ezequiel. Permaneci imóvel por um momento e ouvi, agarrando-me ao púlpito, quase balançando de deslumbramento e alegria. Então, explodi diante do calor de meu coração com as palavras: "Ora, ora, é o evangelho quadrangular!". Instantaneamente, o Espírito confirmou o testemunho. Ondas, vagas, oceanos de louvor abalaram o público, que voou até as alturas nos ventos impetuosos do reavivamento do Espírito Santo.
>
> Desde o dia em que o Senhor me deu essa iluminação, a expressão "evangelho quadrangular" tem sido levada pelo mundo inteiro, distinguindo de forma vívida e adequada a mensagem que ele me ordenou pregar acerca de Jesus, o Salvador; Jesus, o Batizador com o Espírito Santo; Jesus, o Agente de Cura; e Jesus, o Rei Vindouro.[9]

Fiquei admirado com a coincidência. Aquilo que Bill Bower e eu vimos no chão do Mott Auditorium e o que Aimee havia contemplado em Oakland em 1922 eram praticamente a mesma visão.

Naquele mesmo fim de semana, levei intercessores para o Angeles Temple, o grande auditório quadrangular em Echo Park, Los Angeles. Localizado ao lado de um belo lago, esse santuário brilhante, com domo branco, no passado se enchia todas as noites de milhares em busca de cura, salvação e do batismo no Espírito Santo. Orações contínuas, noite e dia, todas as 24 horas, permeavam o lugar, e enviados de Hollywood iam ao templo a fim de aprender as técnicas de drama criativo usadas por Aimee. Plantadores de igrejas aprendiam e eram enviados, enfermos eram curados e os pobres recebiam alimento. Aimee abalou Los Angeles para Deus.

[9] MCPHERSON, Aimee Semple; COX, Raymond L. **Aimee:** Life Story of Aimee Semple McPherson. Los Angeles, CA: Foursquare Publications, 1979, p. 111-112. [Disponível em português sob o título **A história de uma vida.** Nova York: Boni and Liveright, 1991.]

Esse poço apostólico jorrou em Los Angeles apenas 13 anos depois do movimento na rua Azusa. Albie Pearson, célebre jogador de beisebol que desempenhou um papel crucial no Movimento de Jesus, contou-me sobre os dias de sua infância que passou nesse templo. Pearson se lembra de gastar horas de adoração espontânea, dirigida pelo céu no Espírito, aos 5 anos de idade. As pessoas eram conduzidas pela música celeste. De repente, a mãe de Albie se inclinou e disse: "Albie, ouça!". Dava para ouvir os anjos acima, unindo-se à multidão terrena em louvor a Deus. Então, Albie viu algo verdadeiramente extraordinário: subitamente, muitos que usavam muletas, aparelhos e cadeiras de rodas se levantaram de um salto e receberam cura instantânea. Uma mulher com bócio no pescoço do tamanho de uma laranja estava sentada por perto. Imediatamente, ela caiu bem diante dos olhos de Albie! Que glória, que poder!

Gary Goodell, pastor da San Diego Vineyard Fellowship, cujo pai conduzia Aimee ao púlpito no Angeles Temple durante seu período no seminário, conta que uma Igreja Quadrangular é plantada em alguma parte do mundo a cada quatro horas. Há Igrejas Quadrangulares no mundo inteiro. Embora uma obra maravilhosa multiétnica esteja acontecendo no templo original, em Los Angeles, a glória do reavivamento e a colheita de almas conhecida no período de sua fundação não são mais tão evidentes. As muletas e os aparelhos das pessoas que recebiam cura instantânea continuam em exibição dentro do prédio, mas os milagres, os sinais e as maravilhas que os libertavam não fluem mais como antes. Não falo isso em tom de condenação, mas, sim, para desafiar os herdeiros da glória quadrangular a reabrir seus poços e tomar posse de sua herança pentecostal!

Quando o grupo que levei ao Angeles Temple se ajoelhou naquele lugar sagrado, clamamos a Deus que reabrisse o poço do reavivamento que ali jorrou nas décadas de 1920 e 1930. Meu coração ainda arde ao relembrar as orações daquele dia. "Ó Deus, que tua glória não seja mais exibida em memoriais nem fique escondida em registros e arquivos empoeirados. Que tua glória seja conhecida. Eu quero ver a glória de Deus. Quero que meus filhos a vejam, assim como o pequeno Albie, aos 5 anos".

Quando tive a visão sobre Ezequiel 1, fui chamado para pregar em uma igreja na cidade de Dinuba, Califórnia. Eu não sabia nada sobre a congregação, mas me senti guiado a aceitar o convite. Fiquei surpreso quando um amigo me ligou do Canadá e falou sobre Steve Witmer, pastor daquela cidade. De acordo com meu amigo, esse pastor se sentia chamado à responsabilidade de reabrir os poços da glória quadrangular. O nome de sua igreja era Wellspring [Fonte do Poço]. De repente, dei-me conta de que era nessa igreja que eu pregaria em janeiro. Eu sabia que estava em uma missão profética, pois Deus vinha me incomodando para pregar sobre o tema: "Reabertura dos poços do evangelho quadrangular".

Quando falei com Steve Witmer ao telefone, ele me contou que fora a uma conferência profética na igreja de Wes Campbell, em Kelowna, no estado canadense Colúmbia Britânica. Nessa conferência, Jim Goll relatou seus encontros proféticos no Angeles Temple dois anos antes. Steve me descreveu sua experiência com Jim:

> Jim disse que ele e vários outros intercessores haviam ido ao Angeles Temple orar. Enquanto ele estava na plataforma do auditório orando, o púlpito original de Aimee começou a desaparecer debaixo do palco, que subitamente se ergueu. Jim ficou suspenso no púlpito que subia. Naquele momento, um poderoso espírito de profecia veio sobre ele. Então, Jim profetizou por 45 minutos sobre o retorno da glória quadrangular. No Canadá, quando Jim contou novamente essa história e chegou ao ponto de relatar a profecia que Deus o levara a fazer sobre a igreja quadrangular, dois outros pastores quadrangulares e eu fomos tomados pelo Espírito e jogados ao chão (eu fui arremessado por mais de três metros), tudo isso em meio à intercessão profunda. Isso acabou dando fim à parte de ensino daquela reunião, que se transformou em uma intercessão profética para que a Igreja Quadrangular lidere o chamado de reavivamento e a confirmação de participar da reabertura desses poços.

Eu mal podia acreditar no que estava ouvindo! "Steve" — exclamei —, "eu estava lá com Jim Goll no dia em que o púlpito de Aimee se ergueu e ele profetizou no Angeles Temple".

Que santas coincidências! Ao ir à Igreja Quadrangular Wellspring, em janeiro de 1997, preguei aos jovens, instruindo-os a reconquistar sua antiga herança e reabrir o poço de reavivamento de Aimee Semple McPherson. O Espírito de Deus tocou os jovens de maneira maravilhosa, e os líderes da igreja colocaram a bandeira quadrangular sobre meus ombros, adotando-me na herança quadrangular.

No início de 1998, tive um encontro divino após outro com pastores e líderes quadrangulares por causa da herança que recebi naquele dia. Mesmo sem conhecer minha jornada profética de reabertura de poços de reavivamento, começaram a falar sobre a reabertura e a liberação do poço do evangelho quadrangular!

Betel ou inferno?

Muitas das heranças atribuídas por Deus permanecem abandonadas ou são tomadas pelo Inimigo. Descobri um lugar assim em 1993. Guiado pelo Senhor, visitei o Upland College, *campus* da igreja Irmãos em Cristo, de quem eu tinha ternas memórias da juventude. O que encontrei me deixou horrorizado, pois contrastava fortemente com as reuniões campais e as de reavivamento em santidade das quais me lembro vividamente de ter participado quando menino.

O *campus* fora tomado pela seita Astara, da Nova Era. O lugar estava descuidado, e vários prédios, acabados. Pior do que a negligência física, porém, era a condição espiritual do lugar. Livrarias ocultistas enchiam os prédios onde antes fluíam poços de reavivamento. Quando entrei no *campus*, fui tomado por tristeza. Ali estava outra herança desolada. Pisando naquele altar da Nova Era, declarei que aquele local voltaria a se tornar a casa do Senhor.

Pouco depois da visita ao Upland, preguei em um retiro para homens da igreja Irmãos em Cristo e lancei um desafio aos participantes, para que reivindicassem o ex-*campus* universitário em oração, proclamando que, no dia em que voltassem a tomar posse do *campus*, seria um sinal de reavivamento iminente. O Espírito de Deus moveu aqueles homens a orar. Um ano depois, fiquei sabendo que a igreja Irmãos em Cristo fora intensamente tocada a comprar o *campus* de volta. No início de 1998, preguei "Coming Great Worldwide Revival" [Grande reavivamento mundial iminente], naquele mesmo ginásio onde demônios eram adorados poucos anos antes.

Tudo indica que, além das pessoas ou de suas culturas, as localizações geográficas também têm a própria história espiritual, que as marca no reino espiritual, predispondo-as para as trevas ou para a luz. Os lugares de sacrifício e aliança, em particular, seja com os poderes das trevas, seja com o Senhor, parecem ter mais atividades espirituais associadas a eles. Os efeitos da consagração piedosa ou da profanação demoníaca parecem se estender, influenciando o destino do lugar até se reverter. Um dos exemplos mais notáveis desse fenômeno é o antigo lugar bíblico de Betel.

O nome *Betel* significa "casa de Deus". Localizado na interseção da principal estrada norte-sul, passando pela região montanhosa, Betel se tornou importante por motivos religiosos e geográficos. Por causa de suas muitas fontes, a área era fértil e atraente para novos moradores. Quando Abraão entrou em Canaã pela primeira vez, construiu um altar em Betel. Posteriormente, voltou para viver ali por um tempo. Esses primeiros atos de consagração realizados pelo amigo de Deus na aliança pareceram marcar Betel na esfera espiritual.

Foi em Betel que Jacó viu o Senhor no alto de uma escadaria que se erguia da terra ao Céu e recebeu a promessa que Deus havia feito aos seus antepassados.[10] No tempo dos juízes, foi em Betel que a arca da aliança ficou guardada.[11] Foi em Betel que Débora, Samuel e outros juízes e profetas julgavam o povo e profetizavam.[12]

[10] Cf. Gênesis 28.13-15; 35.10-12.

[11] Cf. Juízes 20.18,21-28; 21.1-4.

[12] Cf. Juízes 4.4-5; 1Samuel 7.15-16.

Após a morte do rei Salomão, quando o reino foi dividido em dois, Jeroboão, o primeiro rei do Reino do Norte, Israel, criou uma alternativa idólatra ao templo em Jerusalém. Ele construiu um altar em Betel, nomeou sacerdotes que não eram levitas e proclamou uma festa ilegítima.[13] A compreensão de Jeroboão acerca do poder e do controle espiritual poluiu a nação e transformou Betel em um centro de idolatria por quase 250 anos! O resumo devastador da vida de no mínimo dez dos reis de Israel foi: "Persistiu nos pecados que Jeroboão, filho de Nebate, levara Israel a cometer e deles não se afastou".[14] Assim, um lugar que antes era santo somente ao Senhor se tornou tão detestável e profanado que os profetas Jeremias e Amós o condenaram, e o profeta Oseias o chamou de Bete-Áven, que significa "casa de ídolos".[15]

A despeito da transformação trágica de Betel, Deus não desistiu desse lugar santo. Ele se lembrou de Abraão e de Jacó e das alianças que fizera com ambos ali. Ele relembrou seu plano para que Betel fosse um lugar onde sua presença se agradasse em habitar. Por isso, Deus prometeu, por meio de uma mensagem profética extraordinariamente específica, 300 anos antes, enviar um rei chamado Josias que reverteria a maldição espiritual iniciada por Jeroboão. Josias cumpriu seu destino profético destruindo os lugares altos em Samaria, incluindo o altar em Betel, purificando tanto o Reino do Norte quanto o do Sul da idolatria. A herança desolada foi restaurada!

Heranças desoladas como Betel existem em profusão na nossa terra. Esses lugares marcados pela aliança e visitados pelo fogo e pela água de reavivamento divino com frequência são esquecidos ou tomados pelo Inimigo. Mas Deus não está disposto a abandonar um lugar que ele visitou! Ele zela por esses lugares de consagração e sacrifício e está disposto a fazer grandes coisas para restaurá-los.

[13] Cf. 1Reis 12.26-29.

[14] Cf. 1Reis 16.31; 22.51-52; 2Reis 3.1-3; 10.29-31; 13.1-2,10-11; 14.23-24; 15.8-9, 17-18,24,27-28.

[15] Cf. Jeremias 48.13; Amós 3—5; Oseias 10—12.

Cada lugar que Deus visitou no passado pode se tornar um poço atual de reavivamento, trazendo salvação e refrigério a todos que dele bebem.

Uma dessas heranças desoladas pode estar em sua rua ou cidade. Estude o agir de Deus em sua região e identifique os lugares que ele visitou. O que está acontecendo neles agora? Foram abandonados? Foram tomados por uma seita ou estão sendo usados para qualquer propósito diferente da glória de Deus? Betel se transformou em Bete-Áven bem debaixo de seu nariz? Deus conta com você para renovar as alianças de seus antepassados espirituais, reconstruir as antigas ruínas e se reapropriar de seus destinos proféticos.

Posicione-se!

Todo filho de Deus tem alguma terra de herança. Pode ser simplesmente seu casamento ou seu lar. Não importa o tamanho que ela tenha — se é grande ou pequena. Apenas a encontre! Então, posicione-se em intercessão por ela. Recuse-se a abandonar sua terra prometida, a despeito da seca ou da oposição que encontrar. Caso seu campo dos sonhos seja sua família e seu casamento, muna-se das armas de Deus e lute contra "os dominadores deste mundo de trevas, contra as forças espirituais do mal nas regiões celestiais" (Efésios 6.12b) que tentam roubar sua herança.

Veja bem, não é só Deus quem zela por sua herança. Os poderes demoníacos também querem sua terra prometida, sobretudo se foi consagrada a Deus por meio do sacrifício e da aliança. Por isso, posicione-se em seu campo de sonhos, dizendo: "Diabo, você não pode ficar com meus filhos. Não pode trazer divisão e desrespeito para dentro de meu casamento. Não pode trazer drogas para minha rua nem materiais pornográficos para meu bairro. Declaro que esta terra de minha herança é uma casa da presença de Deus".

Por ser filho ou filha de Abraão, o futuro de sua herança está em suas mãos. Deus designou profeticamente esse território para você. Por isso, erga-se como intercessor da aliança. Pegue as chaves do jejum e da oração que Deus lhe dá e clame a ele pelo bem-estar espiritual da terra que ele lhe concedeu.

Primeiro, conheça o escopo de sua herança. Deus não deu toda a terra para Adão cultivar, somente o jardim do Éden. Você tem um campo com fronteiras estabelecidas pelo Senhor, dentro do qual pode exercer grande autoridade como mordomo dessa esfera. Encontre sua herança e descubra quais fronteiras Deus colocou ao redor de sua terra prometida. Então faça o compromisso territorial de permanecer ali e defender sua herança, independentemente da oposição que encontrar.

A oposição pode sobrevir de diversas formas. Algumas são diretas e óbvias. Você sabe que está sendo atacado. Outras são mais indiretas e sutis. Seja qual for a natureza do ataque, prepare os pés para resistir e recuse-se a se prostrar a pressões intimidantes que se opõem a você ou ao desânimo e ao tédio que ameaçam consumi-lo. Você tem uma vinha para cuidar e não pode permitir que ela se transforme em uma horta de repolhos!

Um israelita chamado Nabote se posicionou. Ele era dono de uma vinha que fazia fronteira com o palácio do rei Acabe. O rei decidiu que a vinha de Nabote seria um local conveniente para plantar uma horta, então lhe disse:

> "Dê-me a sua vinha para eu usar como horta, já que fica ao lado do meu palácio. Em troca eu darei a você uma vinha melhor ou, se preferir, eu pagarei, seja qual for o seu valor". Nabote, contudo, respondeu: "O SENHOR me livre de dar a ti a herança dos meus pais!". (1Reis 21.2-3)

Percebeu o que Acabe tentou propor a Nabote? Ele lhe ofereceu um "negócio vantajoso" em troca por sua vinha. Tome cuidado com negócios vantajosos! Um negócio que o prive de sua herança dada por Deus não traz vantagem alguma. É sua morte. Os dias de procurar o tempo inteiro por promoções de campos maiores se foram. Esse modelo promove uma mentalidade mercenária que impede o povo de Deus de fazer um compromisso territorial com a vinha onde Deus o plantou.

Nabote foi correto ao se recusar a vender seu direito de primogenitura. Estava ligado à sua herança e ele não se mostrou disposto a abrir mão dela. A rainha Jezabel ficou tão perturbada pelo firme posicionamento de Nabote que afirmou estar disposta a matá-lo por aquele simples ato de compromisso. Usando falsas acusações, feitas por homens de moral questionável, provocou o assassinato de Nabote.[16] Em muitos aspectos, esse pecado arrogante foi a gota d'água na condenação de Jezabel e Acabe.

O espírito de Jezabel sempre busca desalojar e intimidar aqueles que se posicionam firmemente em sua herança por direito. Você precisa estar preparado para se comprometer com sua herança, a ponto de estar disposto a morrer por ela. Essa foi a experiência de Nabote. Ele assumiu um compromisso territorial simples com a herança de seus pais, mas que lhe cobrou um alto preço. Acabou custando-lhe a própria vida. No entanto, esse compromisso também decretou a ruína do reinado de idolatria e de feitiçaria de Acabe e Jezabel!

A vida de Nabote foi entregue. O mesmo aconteceu com Jesus, que recebeu "um túmulo com os ímpios e [...] derramou sua vida até a morte" (Isaías 53.9,12). Ambos fizeram uma verdadeira intercessão, pois interceder é muito mais do que orar. Sem dúvida, a intercessão inclui orar a Deus, e Deus pode responder graciosamente, mas a raiz da intercessão é a morte.

A intercessão de Nabote não foi por meio de palavras. Foi um posicionamento em seu campo. Foi a recusa em se dobrar ao temor de homens. Foi em sua atitude que disse: "Eu jamais darei meu campo a você. Só conseguirá tê-lo passando pelo meu cadáver". Há um princípio poderoso de batalha espiritual nisto: "Por isso, vistam toda a armadura de Deus, para que possam resistir no dia mau e permanecer inabaláveis, depois de terem feito tudo" (Efésios 6.13).

Tenho amigos próximos que são missionários em meio a um grupo escondido. Eles sabem que foram chamados para a cidade onde ministram; conhecem sua herança. Doenças, reveses,

16 Cf. 1Reis 21.7-19.

isolamento e desânimo os desafiam de todos os lados, exigindo: "Dê-me a sua vinha". Mas eles respondem: "O SENHOR me livre de dar a ti a herança dos meus pais!".

Comece a interceder com fé por sua herança. Se sua terra prometida sofrer com abandono e descaso, comece a orar com fé por essas ruínas. Descubra como Deus se manifestou ali no passado e lembre o Senhor dessas memórias agradáveis. Rememore os sacrifícios, os atos de consagração e as alianças que foram feitas ali. Ensine essas coisas a seus filhos e compartilhe-as com amigos íntimos. Tudo isso continua fresco na memória de Deus e tocará o coração dele até a taça de seu Espírito transbordar e ele revisitar sua herança especial.

Então, você terá o privilégio, assim como eu, de participar do programa de restauração divina, e a promessa de Isaías se tornará seu elogio: "Seu povo reconstruirá as velhas ruínas e restaurará os alicerces antigos; você será chamado reparador de muros, restaurador de ruas e moradias" (Isaías 58.12). Sua posição territorial também pode dissipar parte do mal que tem mantido a herança sob seu domínio: "O cetro dos ímpios não prevalecerá sobre a terra dada aos justos" (Salmos 125.3a).

Levantem-se, intercessores! Ergam-se, herdeiros de Deus! Busquem ao Senhor a respeito de sua herança e se posicionem firmemente sobre ela assim que a encontrarem. Restaurem as heranças desoladas de Betel em seu bairro. Então, que o coração de Deus seja tocado a revisitar os lugares marcados pelo sacrifício e pela aliança, a fim de confirmar seu chamado como intercessor, bom escavador e restaurador da terra de sua herança.

CAPÍTULO 9

A FLECHA DA VITÓRIA: MISSÕES DE ORAÇÃO PROFÉTICA

A complexa escultura de areia foi terminada. Experientes monges tibetanos passaram centenas de horas construindo-a, em preparo para uma visita do Dalai Lama. Acompanhado por um grupo de monges tibetanos e espíritos elevados, ele viria a Pasadena realizar uma grande reunião no auditório cívico. Esperava-se a presença de várias celebridades conhecidas de Hollywood. A "bênção" à mandala de areia no Pacific Asian Museum [Museu Asiático do Pacífico] seria o ponto alto da visita do Dalai Lama. Por ser o líder mundial da ala tibetana do budismo, ele exerce autoridade espiritual tremenda. Essa cerimônia criaria uma porta por meio da qual 722 espíritos poderosos poderiam ser liberados em toda a região do entorno de Pasadena!

A Harvest Rock Church já havia experimentado diversos encontros significativos com o espírito do budismo. No passado, um grande Buda havia ocupado o palco central do prédio onde hoje funciona nossa igreja, ali instalado por uma seita da Nova Era que ocupara o local. Em 1996, com a aproximação da visita do Dalai Lama, reunimos a igreja inteira para adoração e batalha espiritual. Muitos intercessores clamaram a Deus na sala de oração.

Oramos pela salvação do Dalai Lama e de outros budistas, sobretudo dos vários que trabalham em Hollywood. Um pequeno grupo de intercessores também foi para o Museu Asiático do Pacífico. Esse prédio, localizado bem no centro de Pasadena, fica em frente ao Seminário Fuller. Enquanto o grupo fazia uma caminhada de oração em volta do museu, ungiu o perímetro do seminário e ergueu as mãos em direção ao prédio, selando-o contra as forças demoníacas. Em uma segunda caminhada de oração, diversos intercessores colocaram uma trincheira espiritual na porta da frente, pedindo ao Espírito Santo que tocasse o Dalai Lama quando ele passasse por ali.

Ao se aproximar o dia da visita do Dalai Lama, saiu a notícia de que, embora ele fosse visitar o museu, não oraria pela mandala! Assim, Pasadena foi poupada dessa inundação de 722 espíritos demoníacos. Além disso, a areia dessa escultura profana não foi jogada no rio Arroyo Seco, que abastece a região de Los Angeles, conforme planejado, mas depositada no mar, próximo a Santa Monica, onde ondas gigantes foram observadas por vários dias. Mais uma vez, Los Angeles foi poupada.

Uma mudança drástica de acontecimentos também ocorreu no auditório cívico. Equipes jornalísticas do mundo inteiro se reuniram nos degraus, na esperança de conseguir algumas fotos do Dalai Lama com celebridades de Hollywood.

Antes desse evento midiático, um intercessor foi ao local, colocou as mãos sobre os degraus e orou pedindo que a presença do Senhor fosse liberada ali. Quando o grande dia chegou, a limusine que levou o Dalai Lama estacionou em frente à escadaria. A porta se abriu, mas se fechou de novo... Então, se abriu, mas se fechou novamente. Isso aconteceu diversas vezes, mas ninguém saiu do veículo, estragando o grande espetáculo de mídia tão cuidadosamente planejado!

Os acontecimentos relacionados à visita do Dalai Lama, sem dúvida, encorajaram nossos intercessores. Embora o prefeito de Pasadena tenha dado a chave da cidade ao líder budista, louvado seja Deus, as chaves do Reino estão nas mãos da igreja e, se a usarmos, poderemos manter do lado de fora os poderes do Inferno!

Limpeza da água

Evidências do poder de intercessão profética (intercessão e ações específicas direcionadas pela orientação do Senhor) me foram mostradas diversas vezes. Certa noite, fui despertado por palavras ditas a mim em sonho: "Vá derramar o sal de sua pureza ali em cima". Eu sabia que era a voz do Senhor falando essas palavras, mas não entendi o que significavam.

Na manhã seguinte, fui a um culto de oração. Nele, Kateri Matilla, uma intercessora de nossa igreja, pediu que Deus mudasse o nome da represa Devil's Gate [Porta do Diabo]. De repente, senti a forte convicção de que o Senhor queria que eu fosse derramar sal em Devil's Gate como ato de intercessão profética!

Devil's Gate era o nome de uma represa que protegia a fonte de água original para Pasadena e Los Angeles. Um artigo do jornal *Star News*, de 1947, confirma que o local recebeu esse nome "por causa da semelhança das pedras com Sua Majestade Satânica".[1] Várias pessoas morreram durante a construção da rodovia próxima à represa, e diversos homicídios e suicídios aconteceram próximo ao rio Arroyo Seco, que passa pela represa. Intercessores de Los Angeles já sentiram que esse nome literalmente trouxe uma maldição sobre a cidade.

Ao recordar as palavras em meu sonho, entendi que o Senhor queria que eu derramasse sal na água como sinal de purificação, a fim de pedir perdão em nome de nossos antepassados por amaldiçoarem a água e clamar a Deus que derramasse os rios de reavivamento sobre Pasadena e Los Angeles. Ao refletir sobre a ordem

1 **Star News**, Pasadena, Califórnia.

de Deus, lembrei-me de um versículo da Bíblia com o qual o Senhor havia impressionado meu coração antes de vir para Pasadena.

> Alguns homens da cidade foram dizer a Eliseu: "Como podes ver, esta cidade está bem localizada, mas a água não é boa e a terra é improdutiva". E disse ele: "Ponham sal numa tigela nova e tragam-na para mim". Quando a levaram, ele foi à nascente, jogou o sal ali e disse: "Assim diz o SENHOR: 'Purifiquei esta água. Não causará mais mortes nem deixará a terra improdutiva' ". E até hoje a água permanece pura, conforme a palavra de Eliseu. (2Reis 2.19-22)

Nessa passagem, Eliseu derramou sal na nascente de água que fluía até Jericó e, assim, curou as águas contaminadas que eram infrutíferas e estéreis. Deus estava me pedindo que fizesse o mesmo por Los Angeles, a fim de levar cura e fecundidade a águas que estavam produzindo morte espiritual.

Pouco depois do meu sonho, uma equipe de intercessão se uniu a mim em Devil's Gate e derramamos sal na água, clamando por uma renovação das misericórdias da aliança divina (parece adequado Deus escolher o sal para esse gesto profético, uma vez que é um elemento de conservação). Profetizamos uma mudança do nome demoníaco e a remoção da maldição provocada por esse nome. Também pedimos a Deus que perdoasse os habitantes de Los Angeles por terem quebrado a aliança com ele.

Por ocasião de nossa visita a Devil's Gate, o sul da Califórnia estava passando por um período de cinco anos de seca. Milhares de cristãos oravam por chuva. Oito dias depois de nosso ato intercessor em prol da cidade, começou a chover tanto que os jornais deram ao mês o nome de "março milagroso".

Chocante! Nós nos animamos com esse fim dramático da seca e entendemos que Deus estava respondendo às nossas orações. A maldição se reverteu. Também ponderamos se a chuva física não seria o sinal da chegada de renovação espiritual.

Algum tempo depois, senti-me atraído, pelo Espírito, a caminhar às margens do Arroyo Seco, o rio que fluía da represa (e o principal de Los Angeles), a fim de orar para que rios de reavivamento voltem a correr a partir de Pasadena e levem fecundidade a Los Angeles. É interessante destacar que a última reunião da organização da rua Azusa foi realizada no Arroyo Seco, entre Los Angeles e Pasadena. Foi ali que o poço poderoso de reavivamento se secou.

Enquanto eu caminhava pelo rio, também orava por todo o problema de mortes e assassinatos no Arroyo. Um ano antes, uma mulher cristã cujos pais eram missionários em meio aos budistas fora raptada e assassinada no Arroyo. Por isso, intercedi por meio de arrependimento identificativo, a fim de que o espírito de homicídio fosse quebrado. Também orei pela redenção da terra na qual, durante a Grande Depressão, as pessoas haviam pulado para se matar da Ponte do Suicídio, que passa por cima do Arroyo.

Dois dias depois de minha caminhada de oração, uma irmã em Cristo me contou que havia sonhado que eu estava andando junto ao rio e intercedendo no Arroyo — sem fazer ideia de que eu havia acabado de fazer isso! Foi um grande incentivo para que eu continuasse esse tipo de intercessão. Alguns podem achar tolas as ações proféticas desse tipo, mas Deus está chamando um povo que responderá à sua liderança, independentemente do quanto sua ordem soe tola, irracional ou insignificante. Vez após vez, tal obediência é registrada na Palavra de Deus.

Por dois anos, não tivemos nenhuma evidência visível de que nossa intercessão profética tenha realizado alguma coisa. Certo dia, Angela Blair, intercessora da equipe que foi à represa, perguntou ao Senhor por que o nome Devil's Gate não tinha sido mudado ainda. O Senhor respondeu que, na verdade, o nome estava mudando e que, no futuro, a represa e a região ao redor seriam chamadas por um nome indígena. Imagine nossa alegria quando, um mês depois, lemos a seguinte notícia na *newsletter* oficial da cidade, "Pasadena Focus": "*Hahamongna.* Esse é o nome que os *gabrielinos* (primeiros indígenas de Pasadena) deram ao que hoje é conhecido como 'Devil's Gate'. [...] A tradução do termo é 'águas correntes: vale frutífero'. Praticamente todos concordam que *Hahamongna* será um nome mais apropriado para esse bem precioso da comunidade, negligenciado há tanto tempo, depois que for restaurado à sua condição natural".[2]

As mesmas palavras que havíamos proclamado profeticamente agora eram anunciadas em público! Tínhamos orado de forma específica para que a maldição de esterilidade fosse interrompida, assim como aconteceu quando Eliseu purificou as águas de Jericó. E a *newsletter* oficial de Pasadena noticiou o retorno do nome indígena original, Águas Correntes e Vale Frutífero. Para nós, foi um sinal de que o reavivamento chegaria a Pasadena e fluiria para Los Angeles.

Deus pediu à nossa equipe de intercessores que respondesse de diversas formas. Em geral, os atos de intercessão que ele nos orienta a realizar são atos de arrependimento e purificação, nos quais proclamamos, selamos ou consagramos um território, ou atos que prefigurem algo que o Senhor deseja fazer. Realizamos essas atividades *somente* mediante a palavra do Senhor. Se ele não fala, nós não vamos.

É impossível superestimar a necessidade de se sujeitar por completo ao Senhor nisso. Os intercessores jamais devem tomar a iniciativa nesse tipo de missão. Precisam simplesmente responder quando ouvirem a voz do Senhor e houver a confirmação. Para que esses atos tenham efeito na esfera espiritual e não se tornem apenas manifestações sem sentido, precisam ser realizados com fé, diante da ordem do Senhor, não como respostas impulsivas da imaginação. As ordens de Deus para nós podem acontecer de maneiras variadas, incluindo precedentes bíblicos, sonhos proféticos, mensagens proféticas confirmadas e acontecimentos simbólicos. Com frequência, elas estão conectadas a uma batalha espiritual para reconquistar ou proteger nossa terra de herança.

A flecha da fé que muda a história

O segundo livro de Reis narra uma batalha dessa natureza. Eliseu, que recebera porção dobrada do manto de Elias e havia realizado

[2] **Pasadena Focus**.

sinais e milagres em Israel ao longo de 60 anos, estava morrendo. Ele chamou Jeoás, o rei de Israel, para um último encontro, a fim de abençoar Israel. Nessa reunião, Eliseu instruiu o rei a realizar alguns atos proféticos de importância vital:

> Eliseu lhe disse: "Traga um arco e algumas flechas", e ele assim fez. "Pegue o arco em suas mãos", disse ao rei de Israel. Quando pegou, Eliseu pôs suas mãos sobre as mãos do rei e lhe disse: "Abra a janela que dá para o leste e atire". O rei o fez, e Eliseu declarou: "Esta é a flecha da vitória do SENHOR, a flecha da vitória sobre a Síria! Você destruirá totalmente os arameus, em Afeque". (2Reis 13.15-17)

Note que as flechas se tornaram "a flecha da vitória do SENHOR" em sentido verdadeiro. As ações de Jeoás, abençoadas por Eliseu, liberaram o poder de Deus em favor de Israel. Não foi um gesto vazio, mas um ato de obediência que afetou o destino de uma nação inteira! Vitória ou derrota, sobrevivência ou extermínio, foram determinados por essa ação aparentemente tola.

Infelizmente, porém, Jeoás foi meio apático na realização desse ato profético. Sem dúvida, ele conhecia as histórias da ordem de Eliseu de cavar valas em um vale desértico onde soldados estavam morrendo de sede — e como elas se encheram milagrosamente de água.[3] Por isso, Eliseu lhe deu mais uma chance de vencer a indiferença:

> Em seguida Eliseu mandou o rei pegar as flechas e golpear o chão. Ele golpeou o chão três vezes e parou. O homem de Deus ficou irado com ele e disse: "Você deveria ter golpeado o chão cinco ou seis vezes; assim iria derrotar a Síria e a destruiria completamente. Mas agora você a vencerá somente três vezes". (2Reis 13.18-19)

Eliseu dissera a Jeoás que seus atos determinariam o futuro do povo de Israel, mas o rei não acreditava verdadeiramente na

[3] Cf. 2Reis 3.16-24.

palavra profética. Esse vacilo custou muitas vidas israelitas, e Israel obteve uma vitória apenas parcial. A história mudou por causa de uma resposta pobre e casual. Caso Jeoás acreditasse no impacto de seus atos, teria golpeado o chão repetidamente com as flechas.

Nós também recebemos oportunidades de interceder profeticamente pela terra de nossa herança. Tais oportunidades podem exigir que realizemos um ato profético que, na esfera natural, pareça pequeno demais, desconectado ou até mesmo tolo. Cuidado! Aquilo que parece absurdo ou insignificante no mundo natural pode realizar grandes coisas no reino espiritual quando feito com fé e obediência. Eliseu provou repetidamente essa verdade. Caso contrário, por que teria jogado madeira na água para fazer flutuar uma pesada e valiosa cabeça de machado? Ou por que pedir vasilhas vazias para os vizinhos quando parecia haver apenas algumas gotas de azeite para ser derramadas?[4]

As ações proféticas não precisam fazer sentido no mundo natural para que sejam poderosas no reino espiritual. A medida da vitória é correspondente à medida de nossa fé e obediência. Tais são as chaves que empoderam ações aparentemente ineficazes. Assim, Tommy Tenney, um grupo de intercessores e eu pegamos estacas com promessas bíblicas gravadas nelas e as fincamos no solo da rua Bonnie Brae, o local do culto de oração que deu origem ao grande reavivamento da rua Azusa. Fizemos isso em obediência a Deus, crendo que nossos atos impactariam o futuro de nossa cidade.

Precisamos nos erguer em fé e obediência, fazendo tudo aquilo que Deus nos ordenar. Por meio de nossa obediência aliada à fé, os poços de reavivamento obstruídos pelo pecado, pela desunião, por maldições e pela quebra da aliança serão reabertos. Pois, assim como o poço artesiano do Espírito Santo dentro do indivíduo pode ser detido pelo pecado e por julgamentos cheios de raiz de amargura, uma cidade pode ser amarrada pelos pecados que contém.

Deus está levantando intercessores proféticos em toda a nossa terra. Esses amigos comprometidos da aliança andam ao redor de

[4] Cf. 2Reis 6.1-7; 4.38-41; 4.1-7.

seus lares, suas igrejas e comunidades a fim de quebrar qualquer fortaleza do Inimigo, seguindo a orientação do Senhor. Encontram raízes que impedem o fluir do Espírito Santo de Deus e as removem, a fim de que rios de vida e fecundidade corram na vida de milhares. Esse processo está acontecendo agora mesmo em Hollywood.

Jubileu de Hollywood — reavivamento na cidade das ilusões?

Hollywood... a cidade do brilho e das luzes, lugar de sonhos que nunca se cumprem e de talentos que jamais alcançam o estrelato. Deus pode levar reavivamento a essa cidade das ilusões? Os arquivos da história respondem com um retumbante sim! Escondido no passado da cidade, há um grande derramamento do Espírito Santo, um poço revigorante de reavivamento.

Era o ano de 1947. Henrietta Mears, mulher de grande devoção que passava muito tempo com o Senhor, era, na época, líder do departamento universitário da Primeira Igreja Presbiteriana de Hollywood. Também servia à congregação como diretora de educação cristã e escrevia o currículo da escola dominical. Fundou a editora Gospel Light, hoje denominada Regal Books.

Em 24 de junho de 1947, Mears falou a centenas de professores de escola dominical, pastores e jovens seminaristas.

> Ela abordou sobre o totalitarismo que pouco tempo antes havia tomado conta da Alemanha governada por Hitler e a ameaça da disseminação do comunismo. [...] Assim como homens de coragem especial foram chamados para missões difíceis durante a Segunda Guerra Mundial e para fazer um sacrifício por motivos estratégicos, ela sentia que os cristãos deveriam se sacrificar por Cristo. Enfatizou a necessidade de reavivamento, oração e renovação do interesse pelas Escrituras.
>
> Entre os presentes nesse congresso para professores, estavam o reverendo Richard C. Halverson, [...] Louis H. Evans Jr., filho do pastor da igreja, John L. Frank e William R. [Bill] Bright, que havia se convertido ao cristianismo poucos meses antes. Após a mensagem

da srta. Mears, esses quatro homens, acompanhados por vários outros, perguntaram se poderiam se reunir na casa dela para orarem juntos. Baldwin e Benson, biógrafos de Henrietta Mears, descrevem a reunião de oração a seguir:

> Ao se ajoelharem, foram tomados pelo reconhecimento de sua impotência e inadequação. Oraram até altas horas de noite, confessando pecados, pedindo a orientação de Deus e buscando a realidade e o poder do Espírito Santo. Houve muito choro e clamor ao Senhor. Às vezes, ninguém orava, enquanto Deus falava com eles.
>
> Então, o fogo desceu. Por mais difícil que seja explicar, Deus respondeu à oração com uma visão. Enxergaram diante deles os *campi* universitários do mundo, repletos de alunos que jamais aceitaram a salvação e detinham nas mãos o poder de mudar o mundo. As universidades eram o segredo para a liderança e o reavivamento mundial!
>
> [...] Na noite seguinte, esses cinco voltaram à Igreja Presbiteriana de Hollywood para falar no culto de oração semanal realizado às quartas-feiras pelo departamento universitário da igreja.
>
> Quando a srta. Mears entrou no ambiente, um dos presentes disse a outro: "Eu nunca havia entendido o que Êxodo queria dizer ao descrever a face de Moisés que brilhava com a glória de Deus, mas agora eu compreendo. Veja o rosto da professora!".[5]

Desse culto extraordinário surgiu a visão para as conferências universitárias formativas realizadas nos anos seguintes no Forest Home Conference Center. Durante o reavivamento de 1947 em Forest Home, Bill Bright abriu mão de trabalhos seculares para se dedicar ao ministério. Posteriormente, ele deu início à Campus Crusade for Christ. Na conferência de 1949, Billy Graham foi poderosamente impactado pelo Espírito Santo por meio do ministério do dr. J. Edwin Orr e de uma visão pessoal que Deus lhe deu

[5] RISS, Richard. **A Survey of 20th-Century Revival Movements in North America.** Peabody, MA: Hendrickson Publishers, 1988. p. 126. A citação de Baldwin e Benson foi extraída de BALDWIN, Ethel May; BENSON, David V. **Henrietta Mears and How She Did It!** Glendale, CA: Gospel Light Publications, 1966, p. 232.

ao mesmo tempo. Graham realizou então uma grande cruzada em Los Angeles. Custeadas pela Christ for Greater Los Angeles [Cristo por uma Los Angeles Melhor], em cooperação com mil igrejas de todas as denominações, as reuniões originariamente planejadas para três semanas se estenderam por oito. A conversão de Stuart Hamblen (estrela da televisão), Louis Zamperini (ex-atleta olímpico) e de "um suposto associado do conhecido gângster Mickey Cohen" chamou tanto a atenção da mídia que foram acrescentados 3 mil lugares à tenda, disponibilizando o total de 9 mil assentos. Mesmo assim, os milhares que não conseguiam entrar ficavam em pé do lado de fora.

Esse derramamento do Espírito Santo também afetou estrelas de cinema e outras celebridades de Hollywood. Colleen Townsend, Roy Rogers, Dale Evans, Tim Spencer e Connie Haines estavam entre as muitas estrelas de Hollywood que se converteram. Em 1949, algumas dessas celebridades se reuniram na casa de Henrietta Mears a fim de orar pedindo a orientação divina para tocarem a vida de seus amigos na indústria cinematográfica. Foram realizadas reuniões posteriores, todas em casas particulares, a fim de evitar a atenção da imprensa. De 1949 a 1951, essas reuniões foram realizadas sob a direção de J. Edwin Orr, que atuava como capelão.

"As primeiras reuniões tiveram sucesso imediato. A sala espaçosa da srta. Mears ficava lotada de famosos. Muitos deles haviam aceitado o Salvador e alguns o rejeitaram."[6]

Câmeras e técnicos também se envolveram nesse grupo, talentos usados por Billy Graham para lançar sua primeira cruzada em vídeo.

Tudo isso e muito mais surgiu primeiramente da Primeira Igreja Presbiteriana de Hollywood, à medida que Henrietta Mears, uma mãe na fé, cavava um poço de reavivamento. As águas desse poço transbordaram e afetaram o mundo inteiro por meio dos poços das cruzadas evangelísticas, como as de Billy Graham, e de

[6] RISS, **A Survey**, p. 128-130, 142-143. Citação de Baldwin e Benson, **Henrietta Mears**, p. 250.

ministérios universitários, como o de Bill Bright. Até hoje, a Primeira Igreja Presbiteriana de Hollywood continua a exercer forte influência. Lloyd Ogilvie, ex-pastor da igreja, atuou como capelão do Senado dos Estados Unidos, seguindo os passos de Richard Halverson, que também foi capelão do Senado.

Cinquenta anos depois, Deus está agindo novamente em Hollywood. Em 1996, um de nossos intercessores proféticos me descreveu um encontro intenso que teve em sonho. Ele viu uma das letras "L" do célebre letreiro "Hollywood" nas colinas ao redor da cidade voar e parar no monte Wilson, acima de Pasadena. A placa então passou a dizer "Holy Wood" [Madeira Santa], e o monte Wilson se tornou "the Will of the Son" [A Vontade do Filho].

Quando ouvi esse sonho, eu poderia ter sido tentado a rir e dizer: "É isso que acontece quando você come *pizza* demais antes de dormir!". Mas não. Tive a forte sensação de que o sonho era profundo, uma tarefa profética de oração dada por Deus. Um dia depois de ficar sabendo do sonho, recebi um telefonema de um mobilizador de oração em Washington, D.C. Ele me disse que Cindy Jacobs havia acabado de ligar para ele e o instruiu a andar comigo. Ele me falaria sobre a mobilização de oração que estava para acontecer em Hollywood. Enquanto esse guerreiro de oração conversava comigo ao telefone, ele disse de repente: "E meu filho me disse hoje de manhã que Deus quer tirar o L de Hollywood, para transformá-la em Holy Wood". Mais uma vez, com essa confirmação, tive a certeza de que era a palavra do Senhor.

Logo depois dessa ligação, alguns de nossos intercessores, após ouvir a mensagem profética, começaram a fazer caminhadas de oração em Hollywood. Sonny Roberts liderou uma delas em uma das principais ruas de Hollywood. Nossos intercessores também começaram a ir aos bares para orar. Uma sensação maravilhosa de incentivo sobreveio e, meses depois, parece haver uma consciência constante acerca da oração.

Jeri Penley e Rick Clark, que lideram um ministério chamado Pray Pasadena 2000, também têm sentido a forte responsabilidade de orar por Hollywood. Após ouvir minha visão de uma casa de oração 24 horas, começaram a unir igrejas a fim de instituir uma casa de oração contínua, 24 horas, por Hollywood, nesta cidade.

O que está acontecendo em Hollywood é o preparo do terreno para o grande agir do Senhor. Ele está despertando intercessão, oração e adoração a fim de preparar o caminho para sua vinda. Um dos intercessores tem ligação com John Dawson, na base do movimento Youth With A Mission [Jovens Com Uma Missão — Jocum] em Los Angeles e conversei por três horas acerca dessa onda de intercessão que Deus está suscitando em Hollywood. Então, oramos, e eu pedi: "Deus, mostra-nos o próximo passo. O que desejas que façamos em nossas orações por Hollywood?".

Naquela noite, preguei no Mott Auditorium. Após o culto, um homem se aproximou de mim e contou o sonho que tivera na noite anterior. No sonho, ele viu minha esposa. Ela estava grávida, uma mãe pronta para dar à luz e alimentar as nações. Sua boca estava fechada, e ela não conseguia falar por estar tão expectante. No sonho, esse homem lhe disse: "Você alimentará muitos, muitos filhos". De repente, assim que ele disse isso, a boca de minha esposa se abriu no sonho, e ela disse: "Você deve orar com Lou no porão da Igreja Presbiteriana de Hollywood". Quando esse homem compartilhou isso comigo, tive a certeza de que era o Senhor falando. Ele me deu uma tarefa profética de reabrir o poço daquela igreja por meio da intercessão. O simbolismo no sonho era que minha esposa representava a maternidade espiritual frutífera de Henrietta Mears.

Logo depois dessa ocasião, eu reuni 30 intercessores. Fomos para o porão da Igreja Presbiteriana de Hollywood, exatamente onde Henrietta Mears fizera suas reuniões cerca de 50 anos antes. Pedimos a Deus que reabrisse esse poço de reavivamento e que essa igreja presenciasse novamente o grande agir do Espírito Santo.

Em 1998, o chamado de Deus à intercessão profética nos levou literalmente a todos os lugares de Hollywood para orar. Já nos posicionamos na frente de teatros e subimos nas colinas próximas à placa de Hollywood pedindo a Deus que abra mais uma vez os poços desse lugar. Crianças e adultos estão ouvindo o chamado de Deus.

Em fevereiro, meu filho Jesse disse de repente:

— Pai, os anjos estão se reunindo.

— O que você quer dizer com isso, filho? — perguntei.

— Estou lendo o livro *Este mundo tenebroso*, do Frank Peretti — respondeu ele —, no qual os anjos batalham nos céus. Creio que é uma profecia acerca de Los Angeles agora mesmo.

Fiquei impressionado com o *insight* que ele teve e não pensei mais nisso. No dia seguinte, recebi uma ligação surpreendente. O homem ao telefone se apresentou dizendo: "Alô! Sou Bruce Isacson, produtor de um filme chamado *Este mundo tenebroso*".

Eu mal podia acreditar na coincidência! Isacson me explicou então que sua vida havia sido transformada no Mott Auditorium e que havia sentido o desejo de me ligar.

Em janeiro, semanas antes de tudo isso, uma intercessora havia me incentivado a me encontrar com um pastor quadrangular cuja igreja fica em Azusa, Califórnia. Ela sentira que nossos corações formariam uma conexão. Eu, porém, estava tão ocupado jejuando e intercedendo que acabei adiando. Ao conversar com Bruce Isacson ao telefone, ele disse de repente: "Sinto que você deveria conhecer Rick MacDonald, meu cunhado. Ele é pastor da Igreja Quadrangular de Azusa, Califórnia". Mais uma vez, fiquei impressionado. Eu sabia que isso só podia ser um encontro divino.

Quando fui, junto com Ray Clarke, meu companheiro de oração, encontrar Rick MacDonald, o espírito de intercessão caiu fortemente sobre nós enquanto Rick contava que sua congregação estava prestes a iniciar um período de 21 dias de jejum com foco em Hollywood e Azusa. Era mais uma evidência de que Deus estava direcionando seus intercessores a orar por um jubileu em Hollywood, e há outras. Tim Storey está realizando estudos bíblicos em Hollywood com lotação completa de público, e relatos de estrelas de cinema que têm se despertado continuam a chegar a nós. Os membros da Associação Hollywoodiana de Atores Presbiterianos têm orado pelo derramamento do Espírito Santo.

Alguns deles participaram de um jejum de quarenta dias pela cidade. São bons escavadores!

O dom redentor de Hollywood para o mundo é a comunicação. A "Cidade dos Anjos" foi destinada por Deus para ser uma cidade mensageira. Mas o Diabo muito tem feito para perverter esse dom. Filmes e outras produções culturais cheios de luxo têm fluído da cidade para poluir o mundo, mas chegou o momento de tomar posse novamente do dom apostólico de Hollywood. E isso está começando! Músicas cristãs estão entrando em importantes produções de cinema. Há histórias da conversão de estrelas circulando. Temas cristãos têm, aos poucos, se infiltrado em programas de televisão com audiência elevada. Os títulos de filmes e roteiros até profetizam do poder vindouro de Deus.

O Diabo diria que não podemos nos aproximar de sua fortaleza em Hollywood. Eu discordo! Por intermédio de nosso pai Abraão, recebemos a promessa de que possuiremos as portas de nossos inimigos. Satanás não tem mais nenhum lugar seguro que possa usar como fortaleza. São Francisco, Hollywood e Los Angeles podem mais uma vez ser cativadas para o Senhor, à medida que a Igreja mobiliza sua intercessão, com jejum e oração em massa.

A história do reavivamento e da reabertura do poço de Hollywood que hoje está acontecendo é apenas um relato do que Deus tem feito e deseja fazer nas cidades em nosso país e no mundo inteiro. Ele tem suscitado casas de oração para adoração e intercessão dia e noite. E ele quer que você inicie uma casa dessa natureza em sua cidade e em seu bairro. Por quê? Porque Deus se lembra de Henrietta Mears, de Billy Graham e de Bill Bright. Ele se lembra dos pais e das mães espirituais que cavaram um poço de reavivamento em sua cidade. Ele é tocado pela devoção e pelo sacrifício deles e está preparado para enviar fogo mais uma vez sobre suas ofertas. Ele quer liberar seu Espírito Santo, assim como fez, em 1948 e 1949, derramando a unção de grandes evangelistas como Billy Graham e Bill Bright.

Somos chamados para ser guardas das portas, pessoas que fecham as portas para o que é demoníaco e abrem a porta para o

Espírito Santo. Cada pessoa, cada congregação e cada denominação recebeu um dom, um território e uma promessa. No jubileu, devemos agir para nos reapropriar deles.

Recentemente, depois de muito arrependimento pelos pecados cometidos ali, um grupo de intercessores fincou estacas cheias de promessas bíblicas no solo de Hollywood, em vários locais estratégicos, na crença de que o Senhor visitará com poder mais uma vez essa indústria vasta e influente.

O que toca seu coração? Ou que indústria, vocação ou instituição você pode reivindicar? Se formos passivos no processo de tomar posse da terra de nossa herança, o Inimigo correrá solto. Mas, se nos apropriarmos de apenas uma parte do território e dissermos: "Senhor, é teu!", podemos dar a partida por meio da qual Deus iniciará o reavivamento. Comece em algum lugar. Quando o Senhor lhe der uma ação profética, seja obediente e a cumpra com fé, esperando plenamente a resposta divina. Entregue-se a períodos de oração consagrada e jejum, concentrando-se no alvo que o Senhor lhe der. Una-se a outros cristãos e ore com união por sua comunidade. Quando obedecermos a Deus nessas coisas, a igreja pode se tornar uma demonstração poderosa de seu amor por nossas famílias, pelas comunidades, pelas nações e pelo mundo, bem como de seu poder para desalojar as potestades do mal que livremente espalham sua influência por nossa terra.

Deus Pai, nós te pedimos, em nome de Jesus, por um derramamento de graça, misericórdia e fogo. Manda teu Espírito Santo para nos purificar, quebrar e humilhar, a fim de que o verdadeiro reavivamento espiritual venha e cubra nossas cidades, causando um retorno completo para Deus. Pedimos que o destino de Hollywood, Los Angeles e das cidades de toda a nossa terra e do mundo inteiro não seja cancelado. Visita-nos, enche nossos lares, nossas igrejas e nossas comunidades com a tua glória. Não nos passes por alto.

Pedimos a restauração do alicerce da justiça para Los Angeles e para todas as outras cidades que visitaste no passado. Por submissão a ti, Pai santo, e por fé em teu grande amor e poder, nós resistimos ao Diabo e a suas obras, notificando todas as forças e todos os poderes do mal que se apoderaram de nossas comunidades. Nós nos opomos ao espírito da maldade e a todos os outros espíritos demoníacos que estabeleceram domínio em nossas cidades. Invocamos, em nome de Jesus, que todas essas fortalezas espirituais sejam destruídas — os lugares escuros, as obras ocultas das trevas, os lugares misteriosos que o Inimigo escolheu para montar seu arraial — e proclamamos hoje que a cidade de Los Angeles (insira aqui o nome de sua cidade ou de seu bairro) está, a partir de agora, sob o poder e a propriedade do Espírito Santo. Todos os outros espíritos recebem a notificação de expulsão desta propriedade pelo poder do nome de Jesus. Hoje nos colocamos na brecha, obedientes em oração e ação profética, para construir uma cerca de proteção em volta desta cidade. Amém!

CAPÍTULO 10

O TRABALHO DA INTERCESSÃO PROFÉTICA

Jamais me esquecerei do nascimento de nosso filho Jacob. Minha esposa, Therese, sentiu que estava entrando em trabalho de parto, por isso fomos correndo para o hospital. Quando as contrações diminuíram, fomos mandados de volta para casa. Assim que chegamos, Therese percebeu que estava começando o processo de verdade! Então, começamos o caminho de volta direto para o hospital, mas acabamos enfrentando a famosa hora do *rush* e o trânsito intenso de Los Angeles. Estávamos literalmente parados na estrada! Therese me dizia o tempo inteiro que o bebê estava chegando, e eu tentava me movimentar naquele trânsito praticamente imóvel. Assim que chegamos ao hospital, Therese deu à luz, em oito minutos, um bebê de 3,6 quilos, o oitavo membro de nossa família. A data de seu nascimento? Isso mesmo: o oitavo dia do oitavo mês!

Ninguém sabe exatamente quando um bebê vai nascer. Nos primeiros dias e semanas após a concepção, a mulher nem consegue ter sinal da vida dentro de si. Aliás, pode nem saber que está grávida. À medida que o tempo passa, porém, o corpo dela começa a mudar, e ela passa a sentir enjoo, câimbra nas pernas, dor nas costas e fadiga, que sinalizam a existência de um bebê. Ela continua a desempenhar suas responsabilidades diárias, fazendo alguns ajustes, mas sem ver grandes mudanças na vida. Por nove meses, ao carregar e alimentar uma vida dentro de si, seu corpo dá cada vez mais evidências da criança ali dentro, mas ainda não é possível vê-la. De repente, sem aviso prévio, as dores de parto começam, e o corpo da mulher se prepara para dar à luz.

O parto da oração é bem semelhante. A princípio, há pouca evidência da vida que Deus está se preparando para derramar. Aliás, pode até parecer que não há vida. Foi assim por muitos anos depois que Ché Ahn e eu nos mudamos para Pasadena, em 1984.

Em 1982, Deus chamou de maneira radical 12 de nós para nos mudarmos de Maryland para Los Angeles. Quando fomos morar em Pasadena, dois anos depois, tínhamos plena expectativa de começar a fazer a "grande colheita" que o Senhor havia nos prometido. Por isso, alugamos o centro cívico de Pasadena e nos preparamos para o grande derramamento divino. Não faça isso! Depois que ninguém apareceu, perdemos muito dinheiro!

Oração *chronos* e *kairos*

Os anos seguintes foram, sem dúvida, bem menos empolgantes do que havíamos originariamente previsto. Tínhamos a palavra do Senhor de que faríamos uma grande colheita, por isso plantamos a nova igreja com dez dias de jejum e oração. Esse foi o início de dez anos orando pelo reavivamento que Deus havia prometido. Lembro-me de alguns cultos de oração com 60 pessoas reunidas, todos os dias, às 6h da manhã, e era tão intenso! Também me recordo de ocasiões em que só estavam dois de nós orando — eu e uma senhora idosa de outra igreja. Manhã após manhã, os intercessores oravam naquele auditório deserto e congelante. E nos perguntávamos por que nos levantávamos tão cedo e o que estávamos fazendo ali.

Essa oração comum em período de seca é o que costumo chamar de oração *chronos*, isto é, a oração dentro do tempo *chronos* (comum). São as orações cotidianas que parecem ter pouco efeito, mas que, na verdade, aos poucos enchem os cálices do céu. Com frequência, não fazemos ideia do que nossas orações estão realizando. Contudo, dia após dia, pouco a pouco, estamos nos preparando para o momento de clímax, como no instante em que a mulher dá à luz seu bebê: "E da mão do anjo subiu diante de Deus a fumaça do incenso com as orações dos santos" (Apocalipse 8.4).

A oração *kairos*, em contrapartida, é o trabalho que acompanha momentos especiais, os "compromissos divinos" no calendário de Deus: "Então o anjo pegou o incensário, encheu-o com fogo do altar e lançou-o sobre a terra; e houve trovões, vozes, relâmpagos e um terremoto" (Apocalipse 8.5). Tais ocasiões são caracterizadas por determinados acontecimentos que alcançam o auge; por exemplo, o "tempo [*kairos*] da colheita", mencionado em Mateus 13.30 (ARA). O importante a ser notado aqui é que se faz necessário apresentar muitas orações ao Senhor durante o tempo *chronos* antes de acontecer um transbordamento de eventos *kairos*.

Nós, intercessores, podemos orar por anos em tédio *chronos* antes de experimentar a paixão *kairos* de uma manifestação divina grandiosa. Não nos desanimemos se não virmos resultados imediatos. Por exemplo, os cristãos da antiga União Soviética oraram por 70 anos de labuta paciente antes de o regime comunista cair. Ao longo desses anos, os poderes espirituais por trás do governo ateu foram cada vez mais restringidos pelo derramamento maciço de lágrimas e orações que emanavam da igreja perseguida, como memorial perante Deus. A igreja em oração conseguia ver a obra realizada pelos anos de oração? Sem dúvida, não! Foi apenas no momento *kairos*, quando o volume total das orações afetou o céu e proporcionou uma ocasião extraordinária, que os resultados das muitas intercessões se tornou visível.

Essa fé *chronos* fiel também fica evidente na vida de Cornélio, gentio devoto e temente a Deus. Atos 10.4 diz que as orações dele subiram como oferta memorial diante de Deus. Caso Cornélio não tivesse orado no tempo *chronos*, não teria visto o evento *kairos*, uma série de encontros divinos que levou ao derramamento do Espírito sobre os gentios!

Nunca é fácil ter paciência em meio à intercessão. Sim, já vi o Senhor responder a muitas orações específicas de maneiras notáveis, mas, ao longo da vida, estive em poucos cultos de oração extraordinários. A maior parte das minhas orações requer perseverança paciente. Assim como a água que goteja no mesmo lugar ao longo de vários anos pode desgastar até a rocha mais dura, a oração persistente pelo mesmo pedido produz uma ruptura. De fato, o acúmulo de orações libera resultados incríveis, que incluem juízos contra principados demoníacos e contra os inimigos de Deus.

Um intercessor muito estimado por Deus

Um jovem chamado Daniel aprendeu isso há muitos séculos. Quando adolescente, ele foi levado de sua terra natal, Judá, para o exílio na Babilônia. Por ser membro da nobreza, foi escolhido para servir no palácio do rei Nabucodonosor e aprender na "universidade babilônica". A despeito do exílio, Daniel tomou a firme resolução de não se contaminar. Por isso, recusou a comida e o vinho do rei. Em vez disso, comeu verduras e legumes e bebeu água. Isso agradou tanto ao Senhor que ele concedeu a Daniel "sabedoria e inteligência para conhecerem todos os aspectos da cultura e da ciência" (Daniel 1.17), de tal modo que ninguém o superava em sabedoria e entendimento.[1]

Ao longo desses anos no palácio do rei Nabucodonosor, Daniel desenvolveu um padrão que lhe servia muito bem: "três vezes por dia ele se ajoelhava e orava" (Daniel 6.10b). Possivelmente, por 70 anos, ele se ajoelhou em sua janela voltada para Jerusalém e orou: "Senhor, leva-nos para casa a fim de reconstruirmos o templo".

[1] Cf. Daniel 1.20.

Imagine fazer a mesma oração por 70 anos, não uma, mas três vezes ao dia! Isso é que eu chamo de oração *chronos* comum e persistente. Tenho certeza de que houve dias nos quais Daniel se perguntou se algum dia suas orações seriam atendidas. Mas ele aprendeu um segredo que todos os intercessores precisam descobrir a fim de ser eficazes em suas orações: Daniel investigava as Escrituras para entender os conselhos de Deus. Ele não estava orando sem consciência nem pedindo frutos de sua imaginação. Em vez disso, eram orações fervorosas e bem informadas: "Eu, Daniel, compreendi pelas Escrituras [...] que a desolação de Jerusalém iria durar setenta anos" (Daniel 9.2). Ele o fazia com base em uma posição de intimidade com Deus — como seu amigo: "Vocês serão meus amigos, se fizerem o que eu ordeno. Já não os chamo servos, porque o servo não sabe o que o seu senhor faz. Em vez disso, eu os tenho chamado amigos, porque tudo o que ouvi de meu Pai eu tornei conhecido a vocês" (João 15.14-15).

A responsabilidade e a autoridade dos intercessores

Ser amigo de Deus é receber a responsabilidade de orar. Essa foi a experiência de Abraão. Quando Deus estava prestes a destruir Sodoma e Gomorra, compartilhou seu segredo com Abraão: "Esconderei de Abraão o que estou para fazer?" (Gênesis 18.17). Deus então pôs sobre os ombros dele o próprio destino das duas cidades.

Que responsabilidade tremenda! Derek Prince afirma: "Deus nos revestiu — a nós, o povo que nele crê sobre a face da terra — de autoridade, por meio da qual podemos determinar os destinos de nações e governos. Ele espera que usemos nossa autoridade tanto para sua glória quanto para nosso próprio bem. Se falharmos nisso, prestaremos contas pelas consequências. Essa é a mensagem das Escrituras".[2] Daniel era fiel em sua responsabilidade. Por 70 anos, ele dominou o cenário político de Babilônia, apegando-se implacavelmente à adoração a Javé. Então, quando estava idoso,

[2] PRINCE, Derek. **Shaping History Through Prayer and Fasting.** New Kensington, PA: Whitaker House, 1973, p. 31.

chegou o momento de mudar o rumo da história. Como era seu costume, Daniel estava estudando as escrituras proféticas. De repente, seus olhos pousaram em Jeremias 29.10: "Assim diz o SENHOR: 'Quando se completarem os setenta anos da Babilônia, eu cumprirei a minha promessa em favor de vocês, de trazê-los de volta para este lugar'". Um raio de luz iluminou o coração do velho profeta! Daniel, mais que depressa, conferiu seu calendário. "Chegou a hora! Chegou a hora!" — exclamou. "Os 70 anos terminaram e vamos voltar para Jerusalém!"

Não se esqueça: o ambiente de Daniel não havia mudado. A única mudança era sua compreensão dos planos e dos propósitos divinos. Deus levara seu amigo profeta ao conhecimento do divino, ao sistema de inteligência de Deus. Por isso, Daniel se humilhou, confessou os pecados do povo e orou pedindo o cumprimento dos segredos que Deus lhe havia revelado.[3]

As orações de Daniel não eram mera rotina. Ele sabia o valor do que estava fazendo. Em outra ocasião, havia jejuado e orado por três semanas para entender uma visão que o Senhor lhe tinha dado.[4] As orações explodiram em seu coração e encontraram seu caminho até a fonte do universo. Por quê? Porque Daniel exercia, na esfera celestial, a autoridade de uma vida santa. Por setenta anos, ele permaneceu fiel ao Deus de sua juventude. Embora morasse na Babilônia, não permitiu que o espírito da Babilônia morasse nele. Por isso, suas orações foram eficazes em amarrar os principados e as potestades sobre a Babilônia.

A oração de Daniel, emanando de um coração puro e justo, afetou tanto o Céu que o anjo Gabriel o procurou e disse: "Assim que você começou a orar, houve uma resposta, que eu trouxe a você porque você é muito amado. Por isso, preste atenção à mensagem para entender a visão" (Daniel 9.23). A primeira coisa que Deus disse por meio de seu mensageiro foi a estima do Céu pelos intercessores proféticos. Eles são *muito* amados. Então, o anjo revelou o que ainda estava para acontecer ao povo de Deus.

[3] Cf. Daniel 9.1-19.

[4] Cf. Daniel 10.

Nosso mundo necessita de Daniéis, intercessores que estudam as Escrituras e vivem uma vida santa que dê autoridade à sua intercessão. (Um intercessor não pode amarrar demônios quando ele próprio está amarrado por eles!) Esses homens e essas mulheres se levantam no próprio conselho de Deus, clamando: "O que está em teu coração, ó Deus? Revela-te a nós. Fala, Senhor, pois teus servos estão ouvindo".[5] Querem conhecer o tempo e os propósitos de Deus e estão dispostos a se humilhar — jejuar, orar e confessar pecados individuais e coletivos — até receberem o que pediram.

Esses muito amados do Senhor assustam o Diabo. Este não tem medo de especialistas em profecias, pois têm pouco poder. Em vez disso, o Diabo teme os homens e as mulheres que compreendem os planos de Deus para o *presente* e estão disponíveis para ser usados a fim de dar à luz os propósitos proféticos agora. Eles dedicam-se ao jejum e à oração e têm autoridade nos céus por causa de sua vida justa e santa.

> Foi a respeito dessa salvação que os profetas [...] investigaram e examinaram, procurando saber o tempo e as circunstâncias para os quais apontava o Espírito de Cristo que neles estava, quando predisse a vocês os sofrimentos de Cristo e as glórias que se seguiriam àqueles sofrimentos. (1Pedro 1.10-11)

São essas as pessoas que ocasionam os momentos *kairos* de Deus, a reabertura de poços de reavivamento fechados há muito tempo. Trabalham pela chegada da salvação de Deus até ela se revelar. São Anas e Simeões que permanecem continuamente na presença do Senhor, servindo-lhe dia e noite com jejum e oração, crendo com fé que receberão aquilo que Deus prometeu — mesmo que a promessa tenha sido feita muitos anos antes.[6]

Frank Bartleman, com quem meu coração se uniu além do tempo, foi um homem assim. O Senhor lhe deu uma visão por

[5] Cf. 1Samuel 3.9-10.

[6] Cf. Lucas 2.25-38.

Pasadena, à qual ele aderiu de todo o coração. Ele foi tão cativado por essa tarefa divina que se extenuava da seguinte maneira:

> Oramos por um espírito de reavivamento em Pasadena até o fardo se tornar praticamente insuportável. Eu clamava como uma mulher em dores de parto. O Espírito estava intercedendo por meio de nós [...]. Nessa época, o espírito de intercessão se apossou de mim de tal maneira que eu orava praticamente o dia e a noite inteiros. Também jejuava muito, até minha esposa quase se desesperar por minha vida. As tristezas do Senhor tomavam conta de mim. Eu estava no Getsêmani com ele. As angústias de sua alma haviam caído em certa medida sobre mim. Às vezes, eu temia que não viveria para ver a resposta a minhas orações e lágrimas por reavivamento [...].
>
> Em certa ocasião, o irmão Boehmer [companheiro de oração de Bartleman] teve a impressão de que eu estava a caminho. Ele foi para a pequena missão Peniel e me encontrou ali. Passamos várias horas em oração. [...] Muitas vezes, dedicávamos noites inteiras juntos em oração naquele período. Parecia um grande privilégio passar uma noite inteira com o Senhor.[7]

Este é o destino de todos os verdadeiros intercessores. Deus compartilha seus segredos conosco e solicita nossa ajuda para pôr em prática tudo aquilo que ele já planejou: "Certamente o SENHOR, o Soberano, não faz coisa alguma sem revelar o seu plano aos seus servos, os profetas" (Amós 3.7). Ele revela suas promessas e profecias a fim de nos encorajar a orar com mais fervor, propósito e entendimento. Então, quando chega o momento certo, envia trabalho para liberar seus propósitos. Este é o segredo do intercessor, da autoridade concedida pelo Pai: "Porei sobre os ombros dele a chave do reino de Davi; o que ele abrir ninguém conseguirá fechar, e o que ele fechar ninguém conseguirá abrir" (Isaías 22.22).

[7] BARTLEMAN, Frank. **Another Wave of Revival.** New Kensington, PA: Whitaker House, 1982, p. 17, 28.

Não é de espantar que Satanás se sinta ameaçado por esses escavadores comprometidos. Eles conhecem os segredos de Deus e receberam autoridade para transformá-los em realidade. Sentenciam a condenação do reinado do medo e da maldade que Satanás e seus comparsas têm perpetuado ao longo da História. Logo, deveríamos nos surpreender de que ele tente afastá-los, convencendo-os de que as profecias e as promessas de Deus são desculpa para deixar de orar? Ou de que a demora da concretização de uma promessa, ou sua dificuldade, significam que não vale a pena o esforço de buscá-la?

Não podemos deixar isso acontecer. Sempre que Deus revela segredos a seu povo, é com o propósito de convocá-lo a se levantar e gerar, por meio do jejum e da oração, tudo aquilo que ele mostrou. Fazer menos que isso é abrir mão de nossa autoridade celestial e nos tornar espectadores passivos na periferia da história. Uma revelação dada por Deus sempre requer envolvimento.[8]

Esse envolvimento cobra um preço. Depois de Daniel entrar no conselho do Senhor, foi jogado na cova dos leões.[9] Não devemos esperar nada menos do que isso hoje. Uma cova dos leões certamente aguarda todos os que se recusam a negar a responsabilidade que Deus pôs em seu coração. No entanto, devemos persistir, a despeito das distrações, dos infortúnios e dos desconfortos físicos que sofrermos. Como Daniel, precisamos ficar focados, livres de distrações e determinados, recusando-nos a aceitar o não como resposta. Tal é a verdadeira oração que prevalece.

Dê à luz os propósitos de Deus

Deus está chamando intercessores que deem à luz os seus propósitos. Mario Murillo descreve essa oração absolutamente envolvente:

> Na oração de reavivamento, uma pessoa se apresenta diante de Deus para dar à luz um ato divino em sua cidade. Ela não murmura

8 Cf. PRINCE, p. 140.

9 Cf. Daniel 6.

> pedidos, mas eleva o próprio ser entre Deus e a humanidade. A princípio, são apenas palavras e súplicas, mas logo envolve o indivíduo inteiro. Ele se reduz a uma única declaração longa e envolvente. Seu corpo inteiro se torna a oração.
>
> Ana alcançou esse estado quando Eli achou que ela estava embriagada.
>
> [...] Ao orar por chuva, Elias literalmente assumiu a posição na qual as mulheres judaicas ficavam para dar à luz. "Então Acabe foi comer e beber, mas Elias subiu até o alto do Carmelo, dobrou-se até o chão e pôs o rosto entre os joelhos". (1Reis 18.42)[10]

Elias recebera do Senhor a mensagem profética de que iria chover. Aliás, ficamos sabendo que ele recebeu poder para falar e ordenar a tempestade: "Juro pelo nome do SENHOR, o Deus de Israel, a quem sirvo, que não cairá orvalho nem chuva nos anos seguintes, exceto mediante a minha palavra" (1Reis 17.1b). No entanto, Elias ainda precisava dar à luz a chuva em oração.

De acordo com Apocalipse 12, o sinal da Igreja é uma mulher em trabalho de parto:

> Apareceu no céu um sinal extraordinário: uma mulher vestida do sol [...]. Ela estava grávida e gritava de dor, pois estava para dar à luz. [...] Ela deu à luz um filho, um homem, que governará todas as nações com cetro de ferro. Seu filho foi arrebatado para junto de Deus e de seu trono. (v. 1,2,5)

Sempre que nos deparamos com esse trabalho de parto, podemos ter a certeza de que grandes acontecimentos espirituais estão por vir! Algo está sendo gerado no reino do Espírito. A igreja em cada geração, de Eva a Maria, à Noiva de Cristo, está em trabalho de parto para "que os filhos de Deus sejam revelados" (Romanos 8.19).[11]

[10] MURILLO, Mario. **Critical Mass.** Grand Rapids, MI: Anthony Douglas Publishing, 1985, p. 25.

[11] Cf. Romanos 8.14-30.

Nas semanas anteriores à ida de John Arnott ao Mott Auditorium, em dezembro de 1994, eu vinha meditando sobre a mulher em trabalho de parto como sinal da Igreja e pedira a Deus: "Mostra-me o sinal". Jamais me esquecerei da noite em que ele fez exatamente isso. Foi extraordinário! Durante o tempo de ministério em nossa iniciante igreja, a Harvest Rock Church, muitas pessoas se encheram do Espírito Santo. De repente, três mulheres foram tomadas por gemidos e manifestações semelhantes às que eu já havia presenciado em minha esposa quando deu à luz nossos filhos. Eu mal conseguia olhar. Então, uma voz disse: "Aí está o sinal que você pediu!".

Aquelas mulheres estavam dando à luz o reavivamento em Los Angeles e Pasadena! A dor e os gritos eram evidências dos segredos que Deus estava depositando no coração delas e da obra que elas estavam realizando para cumprir os propósitos dele. Elas estavam literalmente experimentando as dores de parto do reavivamento que chegou ao Mott Auditorium em 1º de janeiro de 1995. Elas compartilharam as dores de parto de Deus.

Muitos outros estão sendo acometidos por essas dores de parto. Mario Murillo descreve de maneira vívida o trabalho de parto que ele vivenciou em Berkeley, Califórnia, quando estava tentando plantar uma obra no *campus* universitário daquela cidade:

> Eram 3h da manhã, e, sem motivo algum, eu acordei gritando. Sentei na cama e não consegui deter a misteriosa onda de tristeza que explodia em minha alma.
>
> Eu me vesti e saí correndo de casa. Andei por quilômetros soluçando.
>
> [...] Então, ali estava eu, vagando desesperado pela noite, tentando encontrar um lugar para liberar essa torrente de oração. Horas se passaram, e encontrei um lago. Escondi-me na parte mais densa das árvores e dos arbustos.
>
> Tentar descrever as dores e os gemidos impronunciáveis é inútil. Apenas creia em mim quando digo que o tempo parou e minha alma foi para trás do véu. A vida inteira, eu havia sentido o desejo

de orar daquela maneira. Eu sabia que havia escutado o céu e que o inferno temia a resposta por vir.

O próprio local de oração parecia brilhar com a glória de Deus. Então, Jesus me disse com uma clareza em sua voz que eu jamais ouvira: "O poder de Satanás nesta cidade foi traspassado esta noite. Agora você verá a luz no fim do túnel. Eu lhe dei esta cidade".

[...] [Na manhã seguinte] [...] fiquei empolgado porque Deus me havia concedido esta cidade. Eu sabia que as frustrações do passado tinham ficado para trás. Comecei a abordar zelosamente um estudante após outro, apenas para dizer que Jesus os amava.

Então, minha esperança foi abalada. Um aluno alto, musculoso e radical teve um ataque de raiva: "Ah, é? Jesus me ama? Bem, pois eu o odeio e odeio você também!" — ele me disse. Em seguida, cuspiu no meu rosto e rasgou meus materiais. Uma multidão se reuniu para ver o pregador pagar por ter entrado no *campus*.

Em pé ali sozinho, senti-me traído e totalmente humilhado. Tive a certeza de que eu não me recuperaria desse desespero. Então, sem aviso prévio, um jovem de boa aparência se pôs ao lado do radical e o confrontou de forma gentil, mas firme.

— Você sabe quem é este homem? — perguntou.

O radical, ciente, de algum modo, de que deveria recuar, acalmou-se e respondeu:

— Não. Não sei quem ele é.

— Este é Mario Murillo, um homem de Deus — explicou o jovem. — E Deus concedeu a ele esta cidade.

Após dizer isso, ele lançou um olhar profundo, confidente, conhecedor e amoroso para mim. Aqueles olhos enxergaram o mais íntimo de minha alma, confirmando a promessa que Deus me fizera na noite anterior. Em geral, o tipo de palavra que ele usou despertaria riso dos estudantes ao ouvir. Por alguma razão, porém, houve respeito e reconhecimento. O radical pediu desculpas pelo comportamento, e eu lhe disse que aceitava o pedido de desculpas. Então, virei-me para encontrar o jovem, mas ele havia sumido. Um anjo? Por anos tenho me perguntado, mas ainda não sei. O que sei é que, naquele dia, um despertamento começou e, em dois anos, oramos com quase 2 mil jovens pedindo que nascessem de novo.[12]

Essas dores de parto são o meio divino de trazer à tona tudo aquilo que ele prometeu e planejou. Assim como uma mulher não pode escolher o momento em que dará à luz o filho que gesta, há um nascimento no Espírito que ocorre de maneira espontânea. Ele não pode ser intimado por esforço mental nem induzido por um apelo às emoções! Ocorre por ordem do Senhor e no tempo dele. "'Acaso faço chegar a hora do parto e não faço nascer?', diz o SENHOR. 'Acaso fecho o ventre, sendo que eu faço dar à luz?', pergunta o seu Deus" (Isaías 66.9).

Crystal Brown, intercessora de nossa igreja, teve um sonho profundo no qual observou um homem caminhando sozinho, orando por seu bairro. De repente, ele foi tomado por dores de parto. Quando começou a chorar, suas pernas derreteram exatamente sobre o solo pelo qual ela estava intercedendo. Então, o Senhor falou no sonho: "Esse tipo de intercessão é somente por chamado".

Deus tem dado muitos desses chamados em nossos dias. Se quisermos ver um reavivamento extraordinário, ele precisa ser gerado por meio de orações extraordinárias.

Durante o trabalho de parto, a mulher se concentra por completo na tarefa de trazer o bebê ao mundo. Nos meses anteriores ao parto, ela consegue continuar suas atividades normais, mas, quando inicia o trabalho de parto, as coisas que normalmente a interessam deixam de ter importância. Toda a sua força, toda a sua concentração é na tarefa em questão. Não deseja que nada a distraia.

Trata-se do tipo de trabalho santo que Deus envia a seus fiéis que persistem no tempo *chronos* e que agora têm o privilégio de dar à luz neste momento *kairos*. Nesse período santo, nosso foco se volta por completo para nosso fardo de oração. Há uma consagração

[12] Ibid., p. 21-24.

completa à oração que vai além da rotina de nossa vida diária e se traduz em períodos extensos de oração e jejum. A sede de reavivamento nos consome, e todas as outras coisas parecem triviais, como de fato são, à luz da alma eterna de homens e mulheres que está em jogo. As lágrimas são nosso alimento diário. Assim como a mulher grita em trabalho de parto, há um choro que nos consome.

É como o apelo urgente de Paul Cain:

> Precisamos de lágrimas para ver o reavivamento. Se não temos lágrimas, é porque nosso coração está seco. O dom das lágrimas é mais do que o resultado do sofrimento que provém de viver em um mundo caído. Elas correm como resultado do sentimento de dor e sofrimento que o Senhor Jesus tem por nós. Ele é nosso sumo sacerdote, tocado pelo sentimento de nossas enfermidades. O derramamento de lágrimas mostra que o coração está engajado. Onde estão as lágrimas hoje? [...] A oração e a intercessão são a obra mais importante da igreja. O ministério nos últimos dias vale tudo. E custa tudo. [...] Peça a Deus o dom das lágrimas e espere por ele. Posso lhe garantir: não haverá colheita pública sem choro público. Os maiores ceifadores deste mundo são também os que mais choram.[13]

O próprio Jesus não ficou livre do choro ao cumprir os propósitos de Deus para seus dias na terra. Ele nos retrata com clareza essa obra: "Durante os seus dias de vida na terra, Jesus ofereceu orações e súplicas, em alta voz e com lágrimas, àquele que o podia salvar da morte, sendo ouvido por causa da sua reverente submissão" (Hebreus 5.7). Todos os que seguem os passos de Jesus, entregando-se ao ministério das lágrimas, recebem esta promessa garantida: "Aqueles que semeiam com lágrimas, com cantos de alegria colherão. Aquele que sai chorando enquanto lança a semente, voltará com cantos de alegria, trazendo os seus feixes" (Salmos 126.5-6). Este é um dos versículos bíblicos

[13] Paráfrase de um artigo de CAIN, Paul. **Shiloh Newsletter**, v. 1, n. 1.

que dão a garantia de uma colheita! Aqueles que semeiam com lágrimas *farão* a colheita!

Tenho sede dessa colheita. Quando Rick Joyner proferiu a mensagem profética de que podemos adiar o juízo em Los Angeles por meio da reabertura dos poços de reavivamento aqui, um raio de luz explodiu em minha alma como a luz que deve ter alcançado Daniel quando ele se deu conta de que era hora de voltar para Jerusalém. Tenho orado pela reabertura dos poços em Los Angeles há catorze anos. *Mas agora chegou o momento!* Pela graça de Deus, estamos nos voltando determinados para períodos de jejum e oração a fim de dar à luz esse propósito. Estamos determinados. Não pararemos até ver a colheita que buscamos.

Esse momento *kairos*, porém, não se limita a Los Angeles. As cidades ao redor do país estão à beira do desastre. As nações do mundo são controladas por principados demoníacos e inimigos de Deus. Precisamos de intercessores que sofram as dores do trabalho de parto ao arrancar esses principados e fechar a boca desses leões. Necessitamos de guerreiros de oração que não se desanimem nem se distraiam pelo pior que Satanás pode jogar em sua direção, mas que se consagrem, reabrindo os poços de reavivamento onde moram.

Que haja um derramamento tão grande de jejum e oração na Igreja que Deus venha a fim de arrancar as potestades demoníacas que controlam nossas cidades. Que nós, assim como Daniel, reconheçamos a hora profética em que vivemos e nos extenuemos tanto quanto necessário a fim de libertar nossas nações do cativeiro de Satanás. Peçamos ao Senhor da colheita que dê a nosso coração indiferente as lágrimas de que necessitamos — lágrimas de arrependimento, compaixão e graça. Deus está à espera, de ouvidos atentos a seu clamor:

> O próprio céu silencia. As hostes e esferas celestiais suspendem os cânticos incessantes a fim de que as orações dos santos da terra sejam ouvidas. Os sete anjos do destino não podem soar o sinal do próximo tempo por vir até que um oitavo anjo reúna essas orações

[...] e as misture ao incenso sobre o altar. Em silêncio, elas sobem ao olfato de Deus.

Os seres humanos intervêm na liturgia celestial. O luxo ininterrupto de consequências é represado por um instante. Novas alternativas se tornam possíveis. O inesperado passa a ser repentinamente possível, uma vez que o povo de Deus na terra invocou o céu, o lar das possibilidades, e foi ouvido. O que acontece em seguida ocorre porque as pessoas oraram. A mensagem é clara: a história pertence aos intercessores.[14]

[14] WINK, Walter. History Belongs to the Intercessors, **Sojourners**, out. 1990. Reimpresso em OTIS JR., George. **The Last of the Giants.** Tarrytown, NY: Chosen Books Inc., 1991.

CAPÍTULO 11

PODER ATÔMICO MEDIANTE JEJUM E ORAÇÃO

Em 1987, vários membros de nossa igreja fizeram jejuns longos, de 15 a 20 dias, alguns de 30 dias. Todas as noites, nosso pequeno grupo de almas fervorosas orava com o desejo intenso de que a presença de Deus se manifestasse em nossa adoração. No último domingo de jejum, um cântico profético irrompeu. Quando as palavras espontâneas "contemplamos o Céu aberto" foram entoadas, foi como se uma bomba tivesse explodido acima de nós, e o Céu se escancarou. Começou um pandemônio. As pessoas passaram a correr, dançar, chorar e gritar. Uma pessoa começou a dizer: "Eu vejo anjos!". Profecias surgiram entre nós. Ninguém conseguia pregar. Deus viera!

O período posterior da vida de nossa igreja foi cercado por uma atmosfera de alta intensidade. As pessoas aceitavam a salvação e eram curadas durante os cultos. Hinos novos eram compostos. O "primeiro amor" repousava sobre a congregação.

O que provocou essa grande glória — por mais humilde e limitada em localização que tenha sido? Jejum aliado à oração. A oração é poderosa, mas a oração acompanhada de jejum é mais poderosa ainda! Pode mudar não só seu culto local, mas o mundo. Nas palavras do evangelista Mario Murillo: "Estamos diante da maior porta da História. Além dela, encontram-se os mais preciosos dons de Deus. Além da porta, encontramos as chaves para os segredos dos heróis da fé que vieram antes de nós. Eles abalaram as gerações e estiveram um dia exatamente onde nos encontramos agora".[1] Tal porta é o jejum e a oração.

Isaías 58 explica que o jejum é aceitável ao Senhor — o jejum de um coração puro e uma motivação correta. No mesmo capítulo, ele faz promessas extraordinárias para quem realizar esse jejum. São recompensas poderosas que mudam o rumo dos acontecimentos humanos:

> Você será como um jardim bem regado, como uma fonte cujas águas nunca faltam. Seu povo reconstruirá as velhas ruínas e restaurará os alicerces antigos; você será chamado reparador de muros, restaurador de ruas e moradias. (Isaías 58.11b-12)

De maneira simples, o jejum e a oração abrem poços para aguar continuamente nossas cidades com bênção e para invocar a restauração de nossa herança!

Um caso especial vale a pena ser repetido. Foi o poço liberado, em 1946, por meio do livro de Franklin Hall, *Atomic Power With God Through Fasting and Prayer* [Poder atômico com Deus por meio do jejum e da oração]. Essa única faísca incendiou todo o país a realizar períodos estendidos de Deus e a buscar Deus para receber o reavivamento e o retorno dos dons do Espírito.

O próprio Hall registra que, no início de 1947, ele havia falado com 50 mil pessoas sobre os temas de jejum e oração. Um milhão de exemplares de literatura foi distribuído. A história mostra que

[1] MURILLO, Mario. **Critical Mass.** Grand Rapids, MI: Anthony Douglas Publishing, 1985, p. 25.

multidões de cristãos se uniram no chamado ao jejum como nunca antes — não só por algumas refeições, mas por dez dias, duas, três semanas, 40 dias. O propósito, explica Hall, era simplesmente "trazer à tona o reavivamento dos pecadores convertidos dos tempos antigos, a cura dos enfermos, a operação de milagres e o poder de Deus demonstrado conforme sua vontade".[2]

O resultado? Um grande poço se abriu, do qual continuamos a beber hoje! Nos anos seguintes, um grande reavivamento de cura se alastrou com homens como William Branham, Oral Roberts e T. L. Osborne, os quais foram usados por Deus para realizar milagres extraordinários. Tremores de reavivamento abalaram a terra à medida que o movimento da chuva serôdia chegou ao nosso país, proveniente do Canadá. Bill Bright se levantou e começou a disseminar sua visão acerca do despertamento dos *campi* universitários. O ministério de Billy Graham teve início, e o reavivamento da Asbury College começou. Que declaração clara do poder atômico do jejum e da oração!

Gordon Lindsey, fundador da organização Christ for the Nations [Cristo para as Nações], porta-voz e catalisador do movimento de cura das décadas de 1940 e 1950, testemunhou que a oração com jejum é a chave mestra para o impossível.[3] Vários dos ministérios mais poderosos daquela época participavam com regularidade. Aliás, os irmãos da chuva serôdia escreveram: "A verdade do jejum foi um grande fator que contribuiu para o reavivamento. [...] Anteriormente, não compreendíamos a possibilidade de jejuns longos. O reavivamento jamais teria sido possível sem a restauração dessa grande verdade por meio de nosso querido irmão Hall".[4]

Hoje, 50 anos após a publicação do livro de Hall, um toque de jubileu está soando mais uma vez, no livro de Bill Bright,

2 Hall, Franklin. **The Fasting Prayer.** Phoenix AZ: Hall Deliverance Foundation, Inc., 1947, 1976, p. 26.

3 Gordon Lindsey, mensagem proferida em 1997.

4 Ern Hawtin, conforme citado em Riss, Richard. **Latter Rain.** Honeycomb Visual Productions Ltd, 1987, p. 60.

The Coming Revival [O próximo reavivamento]. Em janeiro de 1996, após ler esse livro, fiz um jejum de 40 dias, durante os quais bebi apenas sucos naturais e água. A maioria das pessoas de nossa igreja em Pasadena, Califórnia, fez um jejum prolongado nessa época. Esse processo de jejum e oração deu à luz um encontro de oração 24 horas, praticamente contínuo, já em seu terceiro ano de funcionamento. Aliás, as reuniões de renovação em nossa cidade foram geradas em um jejum de 21 dias por toda a cidade, convocado por Wesley Campbell. Creio que é a chave que nossa geração deve usar. É o dom de Deus para a Igreja.

Nesta primavera, fiquei chocado ao ver um artigo de primeira página no jornal *New York Times* com o título "A Call to Fast, in Hopes of a Spiritual Revival" [Chamado ao jejum, na esperança de um reavivamento espiritual]. Uma manchete como essa em um jornal mundial como o *New York Times* é um sinal garantido de que algo grandioso está prestes a acontecer! O artigo continha a prova:

> Milhares de cristãos evangélicos, esperançosos de que a nação esteja no limiar de um reavivamento espiritual gigantesco, têm se preparado silenciosamente por meio do jejum e da oração, de maneira individual e em grandes grupos. Agora, evangélicos proeminentes, liderados por Bill Bright, da Campus Crusade for Christ, e Pat Robertson, no canal Christian Broadcasting Network, estão convocando 2 milhões de cristãos a participar de quarenta dias de jejum nacional, começando em 1º de março e terminando em 9 de abril [de 1998], a véspera da Sexta-feira Santa.
>
> "O jejum aliado à oração é a bomba atômica ou a bomba de hidrogênio de todas as disciplinas cristãs" — disse Bright em entrevista recente. "A oração tem muito poder, mas jejuar junto com a oração tem infinitamente mais poder."
>
> [...] Um número sem precedentes de líderes cristãos deve crer que isso é verdade. Em novembro do ano passado, 800 líderes religiosos de mais de 60 denominações se reuniram em Dallas para jejum coletivo, pregação e oração. Os encontros foram transmitidos

via satélite para cerca de 2.200 igrejas, salas e *campi*, e também ouvidos em mais de 110 estações cristãs de rádio.[5]

E por todo o país têm acontecido eventos semelhantes.

Jejum: a arma secreta da Igreja

A história revela que a oração e o jejum sempre precedem grandes intervenções de Deus nas questões humanas. Elas são, de maneira consistente, as precursoras dos pontos altos do Pentecoste. Observe:

- Jesus jejuou no deserto por 40 dias e 40 noites antes de ser batizado e o Espírito Santo descer sobre ele.[6]
- Os primeiros discípulos se dedicavam continuamente à oração no cenáculo até o Espírito Santo descer no Pentecoste.[7]
- Os membros da igreja primitiva estavam jejuando quando o Espírito Santo lhes pediu para separar Paulo e Barnabé como apóstolos;[8] então, a igreja os enviou após orar por eles.

De maneira semelhante, a história do reavivamento registra a influência do jejum. Um exemplo é a rua Azusa:

- William Seymour e seu núcleo de reavivamento jejuou por dez dias antes do derramamento do Espírito em 14 de abril de 1906, na rua Bonnie Brae. "Sim, o segundo Pentecoste sobre AZUSA em 1906 aconteceu assim como o primeiro Pentecoste. O derramamento da chuva serôdia do Espírito Santo começou com UMA TEMPORADA DE DEZ DIAS DE JEJUM E ORAÇÃO, da mesma maneira

5 A Call to Fast, in Hopes of a Spiritual Revival, **New York Times**.

6 Cf. Mateus 4.1,2.

7 Cf. Atos 1.14.

8 Cf. Atos 13.2-3.

que ocorreu sobre os 120 que 'perseveravam unânimes em oração'."[9]

- Um obreiro da época de Azusa explicou: "A primeira coisa a ser realizada, antes de recair o poder sobre Azusa, foi um período unido de dez dias de jejum e oração. Se houvesse qualquer resquício de sectarismo, o jejum o quebrou". Outro, que morava próximo a Seymour, contou que ele "jejuava por semanas a fio e só comia ocasionalmente. Havia muito jejum e oração naqueles dias, e creio que outra manifestação como a de Azusa poderia acontecer hoje se o povo de Deus labutasse em muita oração e muito jejum".[10]

Hoje, provavelmente enfrentamos uma urgência e uma ordem ainda maior de jejuar do que nunca. Deus, em sua bondade, está movendo as águas da renovação e do reavivamento em toda a nossa terra e nas nações. Junto com sua bondade, porém, ainda enfrentaremos a severidade de Deus.[11]

> "Como nação, estamos enfrentando a crise mais grave de nossos mais de duzentos anos de história, pois rejeitamos Deus e seus mandamentos" — advertiu Bill Bright, enquanto falava ano passado. [...] "Os juízos já começaram com a rápida desintegração durante as últimas três décadas, mas algo muito pior nos espera. [...] A menos que os cristãos se arrependam verdadeiramente, mais juízos e a destruição definitiva se assomam drasticamente à frente".[12]

Giraremos a chave do jejum e da oração para mudar a história? Joel 2 prefigura nossas opções.

As pessoas da geração de Joel enfrentavam dias semelhantes àqueles em que vivemos. Era um momento de grande aflição

9 HALL, p. 25. Confira também Atos 1.14 (ARA).

10 Ibid.

11 Cf. Romanos 11.22.

12 A Call to Fast, in Hopes of a Spiritual Revival, **New York Times**.

nacional. Embora citemos com frequência as promessas encontradas em Joel 2 — "Derramarei o meu Espírito sobre toda a carne; vossos filhos e vossas filhas profetizarão, vossos velhos sonharão, e vossos jovens terão visões; até sobre os servos e sobre as servas derramarei o meu Espírito naqueles dias" (v. 28-29, ARA) —, podemos negligenciar as palavras que antecedem essa promessa: "E acontecerá, *depois*". *Depois* se refere a um ajuntamento coletivo para jejum e oração!

> Promulgai um santo jejum, convocai uma assembleia solene, congregai os anciãos, todos os moradores desta terra, para a Casa do SENHOR, vosso Deus, e clamai ao SENHOR. (Joel 1.14, ARA)

> Ainda assim, agora mesmo, diz o SENHOR: Convertei-vos a mim de todo o vosso coração; e isso com jejuns, com choro e com pranto. Rasgai o vosso coração, e não as vossas vestes. (Joel 2.12-13, ARA)

Deus promete derramar seu Espírito *depois que seu povo se unir em jejum e oração coletivos.* Só então se compromete a restaurar a terra e enviar seu Espírito!

Essa foi uma ordem crucial para a geração de Joel. Derek Prince explica:

> Se voltarmos para o início da profecia de Joel, somos confrontados com uma cena de desolação total e sem alívio. Cada parte da herança do povo de Deus fora afetada. Tudo está cheio de pragas; nada é frutífero. Não há nenhum raio de esperança, nenhuma solução humana. O que Deus instrui seu povo a fazer? O remédio que Deus prescreve é o jejum unido: "Promulgai um santo jejum". (Joel 1.14, ARA)
>
> "Promulgar" aqui significa "separar". O chamado de Deus ao jejum precisa ter preeminência absoluta. Todas as outras atividades, religiosas ou seculares, precisam ficar em segundo lugar.[13]

[13] PRINCE, Derek. **Shaping History Through Prayer and Fasting.** New Kensington, PA: Whitaker House, 1973, p. 143.

De igual maneira, nesta hora, o chamado de Deus para "promulgar um jejum" traz urgência renovada à Igreja em toda a nação. Embora alguns tenham começado a jejuar, a necessidade é muito grande.

Um santo jejum é a prescrição divina para nossa sociedade moralmente decaída, que quebra a aliança. Sim, alguns poços de reavivamento foram abertos, e vimos evidências de um novo derramamento do Espírito de Deus, mas é apenas um filete comparado com as águas correntes a jorrar que ele tem em reserva. Essas fontes do Espírito de Deus foram cavadas primeiramente por nossos pais e mães espirituais por meio do jejum espiritual. Agora é nossa vez de fazer o mesmo, para liberar as torrentes de bênção, cura e salvação.

Não me contento até ver a história mudar! É por isso que tenho orado e jejuado por 14 anos, arrependendo-me pelos pecados de minha cidade e implorando a Deus que reabra as fontes de Frank Bartleman, William Seymour, Aimee Semple McPherson, Henrietta Mears, Billy Graham, Bill Bright e outros. Você também é chamado para mudar a história! Que Deus lhe conceda a graça e o desejo maior de responder ainda mais a esse chamado! Pois o próprio futuro de seus filhos, de seus vizinhos e amados pode depender disso!

Jejum e oração eficazes

Talvez você jamais tenha jejuado ou tenha jejuado apenas por uma refeição aqui, outra ali. Permita-me compartilhar com você alguns pensamentos com base em minhas experiências e reflexões de outras pessoas, para que você também seja ajudado e incentivado, a fim de extrair o máximo de sua obediência maravilhosa.

1. *Jejue e ore para se humilhar e purificar sua adoração.*

Lembre-se: o propósito do jejum é alinhar seu coração com o coração de Deus. Não estamos tentando conseguir algo de Deus, mas, sim, realinhar os afetos de nosso coração com o dele.

Para fazer isso, devemos usar "de força"[14] nas "paixões que guerreiam" (Tiago 4.1) contra a alma e abrir caminho para a paixão do Espírito Santo nos dominar. No jejum, podemos dizer mais prontamente: "Senhor, nós te amamos mais do que qualquer coisa no mundo". A concupiscência de qualquer tipo perverte a adoração, mas o jejum nos permite purificar de qualquer outro rival o santuário de nosso coração. Assim como aconteceu com o jejum de Daniel, a ênfase dominante precisa estar na humildade e na confissão, não no objetivo que buscamos.

2. *Separe tempo para orar e ler a Palavra.*

Isso pode parecer óbvio, mas há um excesso de ocupação e distrações. Qual é o valor de se abrir para mais de Deus, de sua revelação e dos *insights* de sua Palavra se não fizer uso das Escrituras?

Lembre-se: este é o momento em que você pode ouvir e responder com mais clareza — e frequentemente com mais poder —, além de desfrutar a presença e a glória de Deus de maneira especial. Não perca!

3. *Tenha um alvo claro como foco de oração.*

Sem visão (um objetivo de oração profético claro), o povo perece.[15] Durante o jejum, eu costumo estabelecer de quatro a cinco metas de oração, mas preciso ter a certeza de que estão claramente articuladas. Quando não me encontro profundamente motivado por um objetivo claro, eu costumo jejuar até a refeição planejada para quebrar o jejum! Anote a visão, para que ela permaneça clara em sua mente.[16]

4. *Faça o jejum com mais alguém.*

É melhor serem dois do que um. Se alguém cair, o outro o levanta.[17] Talvez você tenha um parceiro de oração. Ray Clarke e eu somos

[14] Cf. Mateus 11.12.

[15] Cf. Provérbios 29.18.

[16] Cf. Habacuque 2.2.

[17] Cf. Eclesiastes 4.9-10.

companheiros de oração. No início de 1998, concluímos um período de 40 dias de jejum e oração para reabrir os poços de reavivamento em Los Angeles. Como parte de nosso tempo juntos, lemos o relato das orações de Frank Bartleman com William Boehmer. Ao orar e jejuar com alguém, você pode se sentir mais motivado a orar e jejuar em prol de seu objetivo.

5. *Se você falhar, não ceda à condenação.*

A esquizofrenia de "jejuar ou não jejuar" pode ser uma grande ferramenta do Inimigo. Mesmo que você falhe diversas vezes, Deus sempre estende sua graça. O Senhor lhe dará nova motivação. Lembro-me do dia em que cedi e quebrei o jejum com iogurte e salgadinho. No dia seguinte, um intercessor me abordou e disse: "Vi você em sonho. Você deveria estar jejuando, mas acabou comendo iogurte e salgadinho". Foi uma excelente motivação para começar de novo — e reconhecer que aquilo que eu estava fazendo deveria ter alguma relevância!

6. *Faça um compromisso e determine a duração de seu jejum.*

As pessoas costumam relatar que o jejum se torna mais fácil quanto mais você persiste. Historicamente, os resultados mais significativos foram alcançados por meio de períodos prolongados de jejum, sob a orientação do Senhor.

- O jejum total é sem água. Não passe de três dias.
- O jejum acompanhado apenas de água é bem difícil, mas muito eficaz. Dependendo do seu peso e metabolismo, é possível passar 40 dias tomando apenas água.
- O jejum de sucos permite que você entre em espírito de jejum, mas ainda lhe dá energia. A maioria das pessoas consegue fazer um jejum de 40 dias. Nesse tipo de jejum, beba pequenas quantidades de suco de baixa ou nenhuma acidez. Isso lhe dará o efeito desejado do jejum, mas também fornecerá força a seu corpo e os minerais necessários. Os sucos de maçã, mirtilo e melancia são excelentes, assim como caldo de legumes.

O melhor é agendar os horários de beber os sucos. Beber suco o tempo inteiro pode prejudicar o espírito de jejum e o autocontrole. O jejum com suco não diluído é bem mais fácil e, ainda assim, bastante benéfico. Para muitas pessoas, pode ajudar beber energéticos proteicos. Isso é especialmente aconselhável caso você tenha problemas de saúde ou considerações relativas ao peso.

- O jejum de Daniel, de verduras e água, é bom para aqueles que realizam trabalhos braçais ou têm uma carga pesada de obrigações (como as mães).
- Jejum de *milk-shake* não é jejum de verdade!

7. *Prepare-se fisicamente.*

Limite a ingestão de alimentos a frutas por dois dias antes de um jejum prolongado. A fruta é um elemento purificador natural e de fácil digestão. Se conseguir, pare de tomar café vários dias antes de jejuar. Prepare-se para desconfortos mentais como impaciência, irritação e ansiedade. Espere desconfortos físicos. Você pode sentir tontura, dor de cabeça e outras dores diferentes. A dor de cabeça não é sinal para deixar de jejuar. Seu corpo está trabalhando para se purificar das impurezas.

8. *Prepare-se para enfrentar oposição.*

Satanás tentou Jesus durante o jejum, e nós devemos esperar o mesmo. Pode apostar que alguém levará bolo para o trabalho bem no dia do seu jejum. É incrível como isso acontece! De repente, seu cônjuge pode se sentir inspirado a preparar seus pratos preferidos para o resto da família. *Continue firme!* Você também pode sentir a tensão aumentar em seu lar. Converse com seu cônjuge. Meus jejuns são tão difíceis para minha esposa quanto para mim. Ela também precisa estar bem preparada antes que eu comece a jejuar. Além disso, é possível que o desânimo pareça inundar você. Reconheça a fonte do desânimo e permaneça de pé sobre a vitória de Cristo.

9. *Jejue em segredo.*

Não fique alardeando seu jejum, mas também não fique com medo de contar às pessoas antes de ir à casa delas que você não irá comer.

10. *Quebre o jejum aos poucos.*

Em um jejum prolongado com sucos leves ou água, seu sistema digestivo para completamente. Isso pode criar um grande perigo se você não tomar cuidado. Por isso, para não prejudicar seu corpo, você precisa exercer forte autocontrole quando começar a quebrar o jejum. Comece com vários dias de suco diluído sem acidez. Então, tome sucos com concentração normal e caldo de legumes por vários dias. Após uma semana, você pode começar a tomar sopas leves sem leite e sucos mais fortes, como suco de verduras diversas, cenoura e folhas verde-escuras. Frutas e verduras entram em seguida. Eu quebrei o jejum rápido demais em uma de minhas primeiras experiências com jejum prolongado e quase fui internado. Seja cuidadoso!

11. *Sinta-se livre para descansar bastante e fazer exercícios leves.*

12. *Busque orientação e supervisão médica antes e depois do jejum se você tem problemas de saúde ou é idoso.*

13. *Espere ouvir a voz de Deus em sonhos, visões, revelações e na Palavra.*

Daniel se preparou para receber revelação por meio do jejum.[18] Prepare-se de maneira semelhante, concentrando-se em seu objetivo e certificando-se de que entende o que Deus quer que você faça. Então, jejue com expectativa de resposta. Deus prometeu que irá recompensá-lo.[19] Há alguns meses, enquanto ministrava na Malásia, um irmão foi "arrebatado aos céus" durante um jejum de

[18] Cf. Daniel 10.1-2.

[19] Cf. Mateus 6.18.

40 dias. Após o jejum, ele levou um grupo para o interior de Bornéu, onde viu uma mulher morta ressuscitar, e o reavivamento tomou conta da vila![20]

14. *Não se desanime caso não veja resultados imediatos. Muitas vezes, as vitórias vêm depois do jejum — às vezes, muito depois.*

Não dê ouvidos às mentiras de que nada está acontecendo. Tenha a convicção de que Deus recompensa cada pessoa que jejua com fé.

Quando Jesus foi batizado por João, os céus se abriram e o Espírito desceu sobre ele como pomba. Logo depois, o mesmo Espírito levou-o para o deserto a fim de jejuar por 40 dias e contender com o ditador territorial sobre o planeta, o próprio Satanás. Por 40 dias, Jesus guerreou por meio da oração e do jejum, a fim de reverter a maldição de Adão e Eva e liberar poder atômico sobre a terra. Os resultados mostrados em Lucas revelam que a história foi alterada para sempre por meio da força e da vitória que o Senhor conquistou por intermédio de sua obediência. O poder divino agora pertencia a ele! "Jesus voltou para a Galileia no *poder* do Espírito, e por toda aquela região se espalhou a sua fama" (Lucas 4.14).

Em contrapartida, os israelitas passaram *40 anos* no deserto reclamando da comida e ansiando voltar aos alhos-porós, às cebolas e aos alhos do Egito. Preferiam o cativeiro à disciplina do deserto.

Nossa nação está no deserto hoje. Nossa escolha é esta: preferimos o cativeiro, sob a ditadura territorial que tomou contou de nossas cidades, bairros e amados? Ou oraremos e jejuaremos até que a maldição do mal seja retirada de nossa terra e os poços de reavivamento voltem a ser cavados? Se quisermos *resultados apostólicos* como o poder que Jesus exerceu, precisamos voltar aos *métodos apostólicos.* A escolha é nossa — 40 anos ou 40 dias!

[20] Relato compartilhado em conversa pessoal com o autor.

CAPÍTULO 12

INFLUÊNCIA PERMANENTE POR MEIO DE CASAS DE ORAÇÃO 24 HORAS

Um dos cultos de oração mais extraordinários da história

Certa manhã, durante um jejum no início de 1996, acordei às 5h15. O número em meu relógio digital chamou minha atenção. Senti que Deus estava falando comigo acerca de uma passagem bíblica, mas não sabia qual. Saí de casa e atravessei a rua, para meu quarto de oração de 2.500 lugares. Ali comecei a buscar ao Senhor.

Enquanto esperava no Senhor naquela manhã, li acerca do derramamento do Espírito Santo sobre os morávios, que aconteceu em 1727. Essa comunidade de cristãos realizou o que, sem dúvida, pode ser considerado um dos maiores cultos de oração da história: uma vigília de oração 24 horas por dia que continuou ininterrupta por cem anos! Os morávios causaram forte impacto no grande reavivalista John Wesley. Seu fervor pelo Senhor também gerou o movimento missionário da era moderna.

Ao ler a história do chamado à oração feito por esse grupo, em 1727, o Espírito de Deus começou a incomodar o mais profundo de meu espírito. Eu sabia que algo estava emanando do coração de Deus. Por isso, comecei a orar: "Libera a lâmpada morávia! Libera a lâmpada morávia!".

Mais tarde, naquela manhã, após voltar para casa, os números que me haviam chamado atenção ao acordar voltaram à minha mente: 5:15. Deus estava direcionando meu foco para Mateus 5.15! "Ninguém acende uma candeia e a coloca debaixo de uma vasilha. Ao contrário, coloca-a no lugar apropriado, e assim ilumina a todos os que estão na casa". Ele estava dizendo: "É hora de pegar a lâmpada morávia e levá-la para fora, onde todos possam ver!". Deus queria me ajudar a promover essa lâmpada em minha cidade.

Nestes dias finais, Deus irá liberar casas de culto e oração 24 horas. Restabelecerá o ministério diurno e noturno do tabernáculo de Davi. Esse tabernáculo foi o lar preferido de Deus. Era uma tenda na qual não havia véu para separar Deus de seu povo. Não havia nada de pretensioso nem de exclusivo nele. Estava disponível a todos. Cada israelita tinha acesso íntimo e desimpedido à arca da aliança e à glória da presença de Deus. Ali, adoradores cultuavam ao Senhor com cânticos e orações.

Há pouco tempo, ouvi o evangelista reavivalista Tommy Tenney falar sobre essas chaves para o tabernáculo de Davi. Sua mensagem queimou profundamente dentro de mim, expressando em palavras aquilo que já estava em meu coração havia anos. Meu anseio e minha ambição secreta são ver adoração e oração ascenderem dia e noite ao coração de Deus.

Davi também tinha esse desejo. Seu anseio era ver e fazer na terra aquilo que já era feito no Céu: "Venha o teu Reino; seja feita a tua vontade, assim na terra como no céu" (Mateus 6.10). Por quê? Primeiro porque Davi sabia que existia um tabernáculo no Céu, onde louvor e adoração são continuamente oferecidos perante o trono de Deus.

> Por isso, eles estão diante do trono de Deus e o servem dia e noite em seu santuário; e aquele que está assentado no trono estenderá sobre eles o seu tabernáculo. Nunca mais terão fome, nunca mais terão sede. Não os afligirá o sol nem qualquer calor abrasador, pois o Cordeiro que está no centro do trono será o seu Pastor; ele os guiará às fontes de água viva. E Deus enxugará dos seus olhos toda lágrima. (Apocalipse 7.15-17)

Em segundo lugar, Davi reconhecia que uma tenda espiritual dessa natureza aqui na terra seria abençoada por Deus e se tornaria um lugar de descanso, cura e refrigério para seu povo. Por isso, Davi montou uma tenda, colocou a arca da aliança ali dentro e levou ofertas ao Senhor. Então, designou sacerdotes para ministrar perante o Senhor em turnos contínuos. Por 30 anos, a tenda do Céu permaneceu na terra. Foi um período de bênçãos sem precedentes na história de Israel. Todos os inimigos de Deus foram derrotados, e o povo descansou em paz e prosperidade.

Deus prometeu que restaurará essa tenda: "Depois disso voltarei e reconstruirei a tenda caída de Davi. Reedificarei as suas ruínas, e a restaurarei" (Atos 15.16). Anseio por ver o cumprimento dessa promessa. Meu clamor tem sido que os cânticos e as orações que encheram o tabernáculo de Davi dia e noite por cerca de 30 anos voltem a encontrar um lar na terra, a fim de que o Senhor mais uma vez ache um lugar para encher com a glória de sua presença o dia inteiro.

Libere a lâmpada dos morávios

Ao longo dos anos, meu coração se emociona quando outros falam da vinda de uma morada de Deus dessa natureza. Lembro-me de ter lido um artigo escrito por Jim Goll em 1993. Eu só tivera um encontro com esse profeta do Senhor, mas sua mensagem profética chamando o Corpo de Cristo à intercessão havia cativado meu coração. No artigo, Jim declarou que Deus liberaria casas de oração e louvor 24 horas em 120 cidades da terra. Ao ler, um clamor surgiu em meu coração. Fui para meu escritório "Pasadena para Cristo", no Mott Auditorium, e comecei a chorar. "Vem e faz aqui, Senhor!" — orei. "Anseio que seja aqui. Libera o tabernáculo de Davi neste lugar!"

Nesse instante, tocou o telefone. Meu coração dizia: "Ah, não me incomode! Estou em um momento tão maravilhoso de oração!". Mas corri para atender. No telefone, estava meu amigo da aliança Chris Berglund. Contei a ele o que estava fazendo logo antes:

— Estou aqui chorando. Meu anseio é que Mott seja a morada do Senhor. Acabei de ler o artigo de Jim Goll sobre casas de oração 24 horas e estou clamando para que aconteça aqui.

Impressionado, Chris respondeu:

— Inacreditável! Acabei de ouvir Jim Goll pregar na base YWAM [Youth With a Mission — Jovens Com Uma Missão] de Los Angeles. Agora mesmo, ele parou abruptamente no meio da mensagem e profetizou: "Lou Engle. Mott Auditorium. Casa de oração 24 horas".

Eu sabia que Deus havia ordenado que algo especial acontecesse no Mott Auditorium. Ele me prometera isso quando me pediu que eu me mudasse para perto do prédio vazio e empoeirado. Agora Deus estava confirmando outro cumprimento de sua promessa. Ele desejava promover uma casa de adoração e intercessão 24 horas.

Quando acontece uma mensagem profética, você não sai imediatamente correndo para pô-la em prática. A mensagem mostra o que está no coração de Deus e aponta para a direção adequada, mas Deus transformará a visão em realidade no momento certo. Por isso, por dois anos, guardei essa visão em meu coração.

Então, veio o dia de ano-novo de 1995, quando a renovação inundou o Mott Auditorium. Três meses depois, o ministro da renovação Wesley Campbell pregou no Mott e nos desafiou a iniciar cultos diários de renovação, todas as noites. "Se vocês não fizerem, outros farão" — afirmou. Também nos desafiou a iniciar um jejum de 21 dias para ver se Deus sustentaria o impacto da conferência com John Arnott.

Senti em meu espírito que esse conselho era bom. Aliás, aqui está um princípio para cavar bem: trabalhe duro e continue a trabalhar até o reavivamento começar. Então, continue a trabalhar para conservar o derramamento do Espírito de Deus. Assim, fizemos o apelo para 21 dias de jejum e começamos a realizar cultos de oração todos os dias pela manhã e ao meio-dia. O total de 60 a 70 pessoas começou a buscar a Deus intensamente. Arrependimento profundo e intercessão acompanhavam aqueles encontros diários. Esses cultos de oração geraram as reuniões prolongadas de renovação no Mott Auditorium (reuniões prolongadas são dispendiosas, mas necessárias, a fim de criar a atmosfera espiritual adequada para impactar uma cidade).

Ao longo de um ano inteiro, o Senhor sustentou reuniões intensas de oração, mas parecia que estávamos sempre mudando-as de um lugar para o outro. Então, o Senhor me impressionou acerca da construção de uma sala de oração — uma sala que só pudesse ser usada para orar e adorar: "A minha casa será chamada casa de oração para todos os povos" (Isaías 56.7). Queríamos mais para o ministério intercessor do que meras migalhas de provisão.

Pouco depois, começamos a construir uma sala de oração chamada "Casa de oração para todos os povos". Hoje, um grande mapa está pendurado na parede dessa sala e toca música que ajuda a criar uma atmosfera de adoração. Um altar acarpetado e almofadas podem ser usados para períodos estendidos de oração. Pouco antes de construir essa sala, li o livro *The Coming Revival* [O reavivamento próximo]. Determinei-me a jejuar por 40 dias, em janeiro de 1996. Durante esse período, o Senhor nos guiou a orar pela liberação da lâmpada morávia, a fim de que a oração contínua fosse efetivada.

Alguns meses antes, eu havia sido presenteado com um livro sobre o reavivamento morávio e o movimento de oração correspondente. Infelizmente, eu o emprestei a alguém e não conseguia lembrar para quem. Por isso, pedi ao Senhor que confirmasse se toda aquela série de eventos proféticos vinha da parte dele, levando a pessoa a devolver o livro. Em três dias, a pessoa apareceu na minha frente com o livro em mãos, dizendo: "Acabei de me lembrar que estou com seu livro sobre os morávios!".

Sim! Tive a certeza de que estava em uma série de revelações proféticas. Logo, a visão de uma casa de oração e louvor 24 horas se tornou nossa oração constante e deu foco espiritual aos 40 dias de jejum.

Certa noite, no meio do processo de jejum, passei a noite no quarto de oração buscando ao Senhor. Durante a madrugada, peguei no sono e tive um sonho. Nele, um intercessor apareceu à minha frente e me exortou em tom de urgência: "Não deixe a montanha do Senhor por dez dias!". Acordei e senti que Deus estava me guiando a passar os últimos dez dias dos quarenta de jejum na sala de oração. Deveria permanecer ali dia e noite, e meus filhos deveriam dormir comigo ali. Assim, determinei-me a permanecer na sala de oração 24 horas por dia, saindo apenas para tomar banho.

Durante aqueles dez dias, senti que deveria telefonar para Jim Goll. Antes de fazer a ligação, Jim me ligou. Mal conseguia acreditar! Sem que eu soubesse, Ché Ahn, nosso pastor sênior, havia chamado Jim para pregar em nossa igreja exatamente naqueles dez dias. Fiquei surpreso com a precisão do momento e tive a certeza de que Deus estava preparando um nascimento sobrenatural.

Jim pregou na Harvest Rock Church durante o primeiro fim de semana de fevereiro de 1996. O mais impressionante é que ele começou a contar sobre sua experiência de intercessão no complexo morávio original em Herrnhut, Alemanha Oriental. Eu era todo ouvidos! Antes de Jim e sua equipe partirem em viagem, Deus lhes disse que conheceriam um homem chamado Christian Winter, que lhes daria a chave para o complexo. Deus também imprimiu em seu coração Ezequiel 37, capítulo no qual o Senhor faz ressurgir ossos secos.

Quando Jim e os intercessores com ele chegaram ao complexo morávio, conheceram Christian Winter, que lhes deu as chaves para o antigo cemitério onde muitos dos pioneiros morávios foram sepultados. Enquanto caminhavam pelo cemitério, Jim se sentou em um antigo túmulo. Ao olhar a lápide, ficou admirado ao perceber que estava assentado sobre a sepultura de Christian David, o fundador do movimento morávio. Enquanto estava assentado ali, o Senhor colocou em seu espírito Ezequiel 37.3: "Filho do homem, estes ossos poderão tornar a viver?".

Enquanto ouvia Jim terminando de relatar a história, todo o meu ser se incendiou. "Sim!" — meu coração exclamou. — "Esses ossos podem viver mais uma vez! Ó Deus, restaura a casa de oração e louvor 24 horas dos morávios aqui no Mott Auditorium. Que este seja o local de nascimento da reabertura do poço morávio!".

Enquanto isso, Jim continuou a relatar a história de sua viagem ao complexo morávio, contando como a equipe de intercessores recebera a chave para a torre de vigia onde eram feitas as orações contínuas dos morávios. Quando Jim e seus companheiros começaram a profetizar para o vento, seguindo a ordem de Ezequiel 37.9 — "Venha desde os quatro ventos, ó espírito, e sopre dentro desses mortos, para que vivam" —, um vento súbito começou a soprar ao redor. O vento vinha do nada. Jim teve a certeza de que foi um sinal da ordem dada pelo Senhor para liberar as casas de oração 24 horas no mundo inteiro.

Depois, ele nos contou que, nos dias imediatamente posteriores à viagem, Deus ainda não lhe tinha dado permissão para compartilhar toda a mensagem de sua jornada intercessora. Aliás, ele permaneceu isolado durante todo o mês de janeiro e contou pela primeira vez a visão completa em nossa igreja, a Harvest Rock Church.

Como fiquei empolgado ao escutar Jim falar! Deus estava nos confiando o que é muito caro a seu coração. Estava trazendo antigas ferramentas de intercessão dos arquivos, onde haviam permanecido dormentes por séculos. Adoração, 40 dias de jejum, oração 24 horas... Todas são ferramentas que Deus nos destinou em preparo para a maior colheita de almas da história do mundo.

Deus confirmou a entrega dessas ferramentas na noite em que Jim compartilhou essa mensagem com nossa igreja. O Espírito de Deus desceu sobre nós de maneira surpreendente, e uma explosão de poder se moveu pela congregação. Ché Ahn, ao observar sua esposa cheia de poder, não parava de dizer consigo mesmo: "Minha mulher é radical". Então, de repente, Ché voou uns dois metros no ar quando o poder de Deus o atingiu. Vi com os próprios olhos. Foi o poder apostólico confirmando a mensagem proferida pelo profeta de Deus, Jim Goll. Deus estava sancionando sua mensagem. Então, Ché começou a chorar sem parar. Ele explicou posteriormente: "O terror de Deus tomou conta de mim!".

O Mott Auditorium é apenas uma das casas de oração e louvor 24 horas que o Senhor está buscando fundar. A tenda de Davi caiu após 30 anos. Séculos mais tarde, Deus suscitou a tenda dos morávios. Ela também caiu, dessa vez após notáveis 100 anos. Mais uma vez, agora, Deus está levantando uma nova casa de oração, que contenda com todas as outras casas de oração descrentes na terra.

Deus me provocou ainda mais a interceder por essa nova casa de oração por meio de um sonho que deu a meu amigo Chris Berglund. Chris me ligou durante os 40 dias de jejum e descreveu o sonho em que viu uma casa de oração budista no alto de uma casa de oração cristã, dominando a casa cristã. Uma ira santa se acendeu dentro de mim e comecei a orar e pregar sobre a nova casa de oração e louvor que está se levantando. "Que Deus suscite uma casa de oração que contenda com a casa de oração budista, com a casa de oração muçulmana e com cada lugar material no mundo ao qual os seres humanos rendam homenagem; e cada uma das outras casas de oração de todos os povos da terra."

Pouco depois de meu jejum em janeiro de 1996, que também coincidiu com o Ramadã, os trinta dias de jejum dos muçulmanos, entrei em uma jornada em meio a um grupo populacional urbano oculto. Não há uma única igreja em meio aos 3 milhões de pessoas pertencentes a esse grupo. Às 4h30 da manhã, fui despertado por cânticos distantes em tom misterioso. Era o primeiro chamado islâmico à oração. Em poucos minutos, todas as mesquitas em cada bairro se uniram ao convite. Era como se 1 milhão de principados estivesse ostentando seu domínio espiritual sobre a cidade.

A casa de oração muçulmana é forte. Os muçulmanos oram a Alá cinco vezes ao dia. Durante o jejum do Ramadã, milhões de muçulmanos do mundo inteiro não comem nem bebem durante o dia. Que tipo de poder espiritual é liberado na atmosfera por meio desse sacrifício? Lembre-se: o sacrifício libera poder na esfera demoníaca assim como no reino divino. Não é de espantar que a igreja não tenha presenciado muitas conversões em meio aos muçulmanos. Eu penso: "Meu Deus, veja a casa de oração islâmica! Como podemos contender com ela se não conseguimos levar os cristãos a orar uma ou duas vezes por dia, nem a jejuar por apenas uma refeição?".

Deus está mudando isso! Ele está suscitando uma casa de oração para contender com todas as outras. Começamos a ver essa mudança nos últimos anos da década de 1990. A Igreja está jejuando e orando como nunca aconteceu, e Deus está fazendo buracos no véu islâmico. A boa notícia é que milhares de muçulmanos estão se convertendo por meio de sonhos e encontros sobrenaturais.

Êxodo 17 conta a história de outra batalha que foi decidida pelo erguer de mãos. Josué estava no vale lutando contra os amalequitas. Moisés se colocou no alto de um monte com a vara de Deus nas mãos.

> Enquanto Moisés mantinha as mãos erguidas, os israelitas venciam; quando, porém, as abaixava, os amalequitas venciam. Quando as mãos de Moisés já estavam cansadas, eles pegaram uma pedra e a colocaram debaixo dele, para que nela se assentasse. Arão e Hur mantiveram erguidas as mãos de Moisés, um de cada lado, de modo que as mãos permaneceram firmes até o pôr do sol. E Josué derrotou o exército amalequita ao fio da espada. Depois o SENHOR disse a Moisés: "Escreva isto num rolo, como memorial, e declare a Josué [...]". Moisés construiu um altar e chamou-lhe "o SENHOR é minha bandeira". (Êxodo 17.11-15)

Essa batalha não foi vencida por espadas empunhadas meramente por mãos humanas. A oração garantiu a vitória.

Faremos bem se entendermos que as batalhas travadas por nós hoje serão vencidas da mesma maneira. Desde janeiro de 1996, a Harvest Rock Church tem buscado sustentar uma casa de oração 24 horas. Turnos de um, dois e, às vezes, 30 intercessores se revezam erguendo a "vara" do Senhor. Muitas vezes, nossas mãos já caíram, mas nossa posição de fé permanece! Deus restaurará a casa de oração 24 horas. Ele restaurará a tenda de Davi de adoração contínua.

Nossa visão é ver essa oração dia e noite atravessar a cidade inteira. Agora, 30 igrejas se comprometeram a cobrir toda a cidade de Pasadena em oração por um dia inteiro. Estamos mancando, mas a semente tem sido semeada. Logo, com a ajuda de Deus, veremos centros de louvor e oração por toda a cidade e fundados ao redor do mundo. Essa foi a ordem de Deus para mim, em 1996, quando ele me disse: "Lou, onde você puder, erga uma casa de oração que contenda com as outras casas de oração que buscam dominar uma cidade".

Deus tem o propósito de que a lâmpada morávia viva sobre toda a terra. Que ele levante intercessores para transformar essa visão em realidade, intercessores com o coração disposto a restaurar o tabernáculo caído de Davi e reabrir o poço dos morávios.

Rogo a Deus que o seu coração faça parte de tal restauração e que você também ore:

> Ó Deus, quando a fé e a visão dos morávios brilharão sobre toda a *terra? Quando o tabernáculo caído de Davi será restaurado? Oramos junto com milhares ao redor do mundo a fim de que casas de oração e louvor 24 horas se levantem novamente na terra. Concede-nos a graça de fazer na terra aquilo que já é realizado no céu. Move-nos com a paixão de edificar casas de oração que contendam com os altares de oração a outros deuses, encontrados em todas as cidades. Só tu és digno de receber nosso louvor e nossa oração continuamente. Erguemos tua "vara" da vitória em nossas mãos. Ó Deus, que o tabernáculo de Davi seja restaurado, que os poços dos morávios sejam reabertos e que tu liberes e reúnas a maior colheita da história do planeta para tua glória! Amém.*

CAPÍTULO 13
RAÍZES, RAMOS E NOMES

Cada uma das videiras na vinha se queimou! Só permaneceram pequenos tocos de carvão. Um a um, à medida que o sol da manhã nascia, membros abatidos da família voltavam para casa a fim de contar seu relato. Quem sabe apenas um deles fora capaz de salvar uma parte do campo...

À medida que se agrupavam, as roupas chamuscadas e o rosto enegrecido depois de batalhar contra as chamas revelavam a mesma conclusão após a desanimadora conversa. Tudo se perdera. Falharam em salvar sua única herança... e seu meio de subsistência por gerações.

Os ventos rapidamente alastraram o fogo com fúria impetuosa pelos muitos hectares das colinas antes tão belas e verdejantes. Era uma batalha grande demais para tão poucas pessoas. De repente, um jovem se levantou e correu a todo fôlego pelas fileiras de ruínas até um antigo memorial isolado da família a certa distância. Ali, resguardada por um relicário de concreto e intocada pelas chamas violentas, permaneceu uma pequena videira viva... um ramo em homenagem ao pai, que, por gerações, havia plantado a vide.

A partir de um ramo, a vinha voltaria a viver...

Sei que é apenas um filme, mas o final mexeu comigo, como um soco no estômago. Embora tudo parecesse perdido, uma herança inteira poderia ser readquirida por meio de apenas um ramo vivo. Esta é a mesma promessa que Deus faz a você e a mim, bem como a esta geração. É a promessa dele ao longo do tempo. É a promessa do próprio Jesus.

> Um ramo surgirá do tronco de Jessé, e das suas raízes brotará um renovo. O Espírito do SENHOR repousará sobre ele, o Espírito que dá sabedoria e entendimento, o Espírito que traz conselho e poder, o Espírito que dá conhecimento e temor do SENHOR. (Isaías 11.1-2)

Esse texto profético prediz a linhagem do Messias, um descendente direto de Davi. Ele é um ramo da mesma planta: "Eis que o Leão da tribo de Judá, a Raiz de Davi" (Apocalipse 5.5b). Trata-se de uma parábola maravilhosa de esperança. Na mesma época em que Isaías profetizou sobre o renovo vindouro de Jesus, a glória dos dias de Davi havia ficado para trás. Israel estava no exílio, o templo fora saqueado e era uma mera sombra de seu esplendor anterior. Além disso, reis maus como Manassés tinham lançado em desgraça a linhagem real. Contudo, havia esperança porque a raiz permanecia: "Ele cresceu diante dele como um broto tenro e como uma raiz saída de uma terra seca" (Isaías 53.2).

Isso significa que, embora a glória de um movimento, de uma herança ou de um reavivamento talvez não se destaquem mais como as árvores frondosas que um dia foram, a raiz permanece, e eles podem reviver! Os descendentes espirituais daqueles que moldaram o rumo da história podem reconquistar seu destino. Aliás, eles devem!

Ainda que as raízes proporcionem esperança e estabilidade, elas não dão frutos. Não podemos cair no extremo de ficar tão maravilhados com nossos antepassados que nos contentamos em admirar aquilo que ficou para trás há muito tempo. Em vez disso, nós é que precisamos nos tornar ramos para ver frutos em nossos dias e nos esforçar para garantir que a próxima geração também frutifique.

Observe que Isaías descreve Jesus tanto como *raiz* quanto como *broto*. Cada um de nós compartilha desses dois chamados. Quando nos tornamos filhos de Deus por meio do dom da salvação em Jesus Cristo, somos adotados em sua herança e nos enraizamos na família eterna de Deus. À medida que amadurecemos, fincamos raízes e nos estabelecemos nele, transformamo-nos no meio pelo qual novos ramos se ligam às raízes familiares. Em outras palavras, passamos a ser tanto a raiz quanto o ramo, a fim de que nossos filhos, quer naturais quer espirituais, deem continuidade à nossa linhagem espiritual.

As Escrituras contêm uma promessa geracional extraordinária que confirma essa verdade: "Sua mulher será como videira frutífera em sua casa; seus filhos serão como brotos de oliveira ao redor da sua mesa. Assim será abençoado o homem que teme o SENHOR!" (Salmos 128.3-4). É possível concluir aqui que o pai é a raiz, e os filhos são os brotos novos. O que era broto em uma geração se torna a raiz da próxima. (O mais provável é que a Bíblia esteja se referindo às oliveiras nessas passagens. O mais interessante é que a oliveira sempre produz novos brotos antes de morrer.)

Como pais e mães tanto naturais quanto espirituais nesta era, somos chamados para cuidar das tenras folhas verdes ou dos brotos que se encontram em nosso meio. Temos a responsabilidade de garantir que os ramos de oliveira que brotam ao redor de nossas mesas amadurecerão e produzirão frutos. Trata-se de uma obrigação que não podemos negligenciar. As Escrituras oferecem orientações valiosas de como cumprir essa responsabilidade.

Nomeie seus filhos profeticamente

Os nomes são importantes para Deus. Ele os usa para expor a identidade e o destino de seu povo.

> Não será mais chamado Abrão; seu nome será Abraão, porque eu o constituí pai de muitas nações. (Gênesis 17.5)

> De agora em diante sua mulher já não se chamará Sarai; seu nome será Sara. [...] Sim, eu a abençoarei e dela procederão nações e reis de povos. (Gênesis 17.15b-16)

Ao renomear Abraão e Sara, Deus estava denominando aquilo que não era como se já fosse.[1]

Deus também dá nomes que expressem seu carinho:

> [Bate-Seba] teve um menino, a quem Davi deu o nome de Salomão. O SENHOR o amou e enviou o profeta Natã com uma mensagem a Davi. E Natã deu ao menino o nome de Jedidias. (2Samuel 12.24-25)

Jedidias significa "amado de Deus".[2] Que intimidade e vulnerabilidade de coração o Senhor expressa ao mudar o nome de Salomão! Que Deus grandioso e extraordinário se inclina para derramar afeição sobre seu filho e sua filha, sem nenhum constrangimento!

Como pais e profetas, devemos clamar a Deus em busca de sua sabedoria secreta ao escolher o nome de nossos filhos. Devemos nos afastar da tentação de escolher determinado nome simplesmente por gostar dele, mesmo que isso seja importante. Necessitamos escolher um nome profético.

Nosso terceiro bebê tinha oito meses dentro do útero, e Therese e eu estávamos buscando o Senhor quanto ao nome escolhido. Concluímos que daríamos à criança o nome de Josiah [Josias] caso ela desse à luz um menino. Não contamos a ninguém sobre nossa decisão. Pouco tempo depois de nossa conversa, Jim Riley, um amigo querido, entrou de repente em nossa casa e começou a profetizar:

— O Senhor falou que você terá um menino, e o nome dele deve ser Josiah.

— Você só pode estar de brincadeira! — exclamei.

[1] Cf. Romanos 4.17.

[2] STRONG, James. **Strong's Exhaustive Concordance of the Bible.** Peabody, MA: Hendrickson Publishers, [s.d.], H3041.

No dia seguinte, outra amiga, Sandi Tullis, ligou para minha esposa e contou que o Senhor havia impressionado o coração dela dizendo que teríamos um menino e perguntou se nós havíamos pensado em lhe dar o nome de Josiah. Uau! "O que vai ser este menino?"[3] é a alegre pergunta em nosso coração a respeito de nosso filho.

Deus leva os nomes a sério. Agora mesmo, enquanto escrevo estas palavras, emociono-me com uma passagem que eu nunca havia visto. Jacó está abençoando seus dois filhos, Efraim e Manassés.

> E abençoou a José, dizendo: "Que o Deus, a quem serviram meus pais Abraão e Isaque, o Deus que tem sido o meu pastor em toda a minha vida até o dia de hoje, o Anjo que me redimiu de todo o mal, abençoe estes meninos. **Sejam eles chamados pelo meu nome e pelos nomes de meus pais Abraão e Isaque**, e cresçam muito na terra". (Gênesis 48.15-16, grifo nosso)

As palavras "Sejam eles chamados pelo meu nome e pelos nomes de meus pais" saltaram em meu espírito. Jesse, meu filho mais velho, recebeu esse nome em homenagem a seu tataravô, Jesse Engle. Jesse foi um evangelista. No final do século 19, ele se voluntariou, aos 65 anos de idade, a liderar a primeira equipe missionária dos Irmãos em Cristo a ser enviada para a África. Plantou uma igreja na antiga Rodésia e morreu lá dois anos depois. A meu filho, eu declaro: "Você é Jesse, chamado pelo nome de meu antepassado Jesse Engle". Quando perguntam a Jesse o que ele quer fazer quando crescer, sua resposta é: "Quero ser missionário".

Nosso sexto filho nasceu do dia 8 de agosto de 1997. Demos a ele o nome de Jacob, em homenagem a Jacob Engle, meu ancestral há cinco gerações. Jacob partiu, em 1752, com sua família e outras 30 em busca de refúgio em um novo lar na América.

> Era um grupo triste de mães enlutadas que se reuniu em volta de Anna Engle, em cujos braços estava um bebê indefeso, de poucos meses de vida [...].

[3] Cf. Lucas 1.66, que registra a escolha do nome de João Batista.

> Durante a viagem, todos os outros bebês a bordo morreram e foram enterrados no mar, exceto um [...]. Além de ser o único a sobreviver, "Jockeli" era, de longe, o mais novo. Diante das circunstâncias em que ele nasceu e da preservação quase milagrosa tanto da mãe quanto do filho, não era de espantar que aquelas mães enlutadas tenham se reunido em volta de Anna Engle e seu pequenino [...]. Uma a uma, elas estenderam a mão e [...] expressaram a firme crença de que Deus havia reservado uma obra grandiosa para aquela criança.[4]

Meu antepassado Jacob Engle se converteu na época do Primeiro Grande Despertamento dos Estados Unidos e fundou a igreja dos Irmãos em Cristo. Sou o sexto em sua linhagem geracional. Que linda herança para meu filho Jacob!

Não basta, porém, dar nomes proféticos aos filhos. Também somos chamados para ser pais e mães dignos de imitação: viver uma vida piedosa, ensinar a Bíblia aos nossos filhos e ser bons mordomos da herança geracional que pertence tanto a eles quanto a nós. Dê nomes proféticos a seus filhos. Dê a eles uma herança que vale a pena ser transmitida.

> Dou graças a Deus, a quem sirvo com a consciência limpa, como o serviram os meus antepassados, ao lembrar-me constantemente de você, noite e dia, em minhas orações. Lembro-me das suas lágrimas e desejo muito vê-lo, para que a minha alegria seja completa. Recordo-me da sua fé não fingida, que primeiro habitou em sua avó Loide e em sua mãe, Eunice, e estou convencido de que também habita em você. (2Timóteo 1.3-5)

(Essa passagem é especialmente significativa para mim, já que o nome de minha mãe é Eunice!)

> Quanto a você, porém, permaneça nas coisas que aprendeu e das quais tem convicção, pois você sabe de quem o aprendeu. Porque desde

[4] CLEMENHAGE, A. W. **History of the Brethren in Christ Church.** Nappanee, IN: E.V. Publishing House, 1952, P. 347-348.

> criança você conhece as Sagradas Letras, que são capazes de torná-lo sábio para a salvação mediante a fé em Cristo Jesus. (2Timóteo 3.14-15)

Molde seus filhos profeticamente

Durante um período de jejum, meu filho Jesse e eu passamos um tempo especial juntos em uma livraria cristã quando ambos ficamos encantados com a beleza de um quadro na parede. Nuvens tempestuosas misteriosamente cobriam o panorama de picos montanhosos. Cachoeiras cristalinas escorriam para dentro de um lago que espelhava as montanhas ao redor e uma família de antílopes bebia água em sua margem. Embaixo do quadro, estavam escritas as palavras: "Como a corça anseia por águas correntes, a minha alma anseia por ti, ó Deus".[5] Por vários minutos, nosso coração se abriu para essa "janela dos céus" por meio da qual o Senhor escolheu falar conosco.

Naquela noite, meu filho sonhou com esse quadro. Foi um sonho profético que mostrou que nós compartilhamos uma sede mútua por Deus em espírito e que Deus implantou essa sede em Jesse como um chamado para a vida inteira. Hoje esse quadro fica em nossa sala, como lembrete profético a Jesse do convite divino a uma visão celestial. Com frequência, eu digo a meu menino: "Jesse, meu filho, este é seu destino: ter fome e sede de justiça".

Muitos pais têm medo de ser presunçosos ao moldar ou marcar o destino dos filhos por meio da profecia. "E se eu tentar moldar a vida deles em um padrão que o Senhor não planejou?" — perguntam. Concordo que pode ser um perigo real, mas, se não profetizarmos sobre a vida de nossos filhos, outros o farão. O mundo e seus profetas, de publicitários a estrelas do *rock* pervertidas, estão ávidos por conformar nossos filhos à própria imagem. Não lhes dê essa chance. Marque com cuidado o destino de seus filhos sob a orientação do Senhor e não se esquive de proclamar com ousadia a herança que Deus está lhe mostrando.

[5] Cf. Salmos 42.1.

Uma maneira bíblica de moldar profeticamente seus filhos é abençoá-los. Além de ser um privilégio nosso como pais, é também uma ordem do Senhor. Isaque abençoou Jacó e Esaú,[6] e Jacó abençoou cada um de seus filhos.[7] Devemos resgatar esse padrão patriarcal de declarar em voz alta o futuro de nossos filhos. Muitas vezes, à noite, meus filhos chamam: "Papai, por favor, venha me abençoar!". De que privilégio significativo podemos desfrutar!

Ao buscarmos o Senhor para nossos filhos, o grande Projetista de Sonhos deposita em nosso coração os sonhos e as aspirações *dele* para *seus* filhos. Precisamos aprender a confiar nessas impressões da parte de Deus, sejam elas sonhos, sejam nomes proféticos ou vislumbres repentinos de *insights* para nossos filhos. Sob a orientação do Espírito Santo, também devemos nos tornar estudiosos da personalidade deles, moldando e trazendo à tona suas características únicas. Também devemos ser mordomos das mensagens proféticas que lhes forem dadas. Tudo isso faz parte de nossa responsabilidade em lembrar constantemente nossos filhos de sua herança e prepará-los para cumprir tudo o que Deus destinou a eles. Minha mãe certamente fez isso por mim. Ela sempre me dizia: "Deus tem algo especial para você fazer".

Reivindique seus filhos em oração

Tenho a convicção de que Deus quer que seus filhos façam orações maiores por sua prole do que eles costumam pensar em orar. "Àquele que é capaz de fazer infinitamente mais do que tudo o que pedimos ou pensamos" (Efésios 3.20a) — este é o Deus a quem nós oramos. Levando em conta as promessas proféticas que eu recebi para meus filhos, imagino coisas grandiosas. No entanto, nem mesmo essas orações são grandes o bastante, pois Deus é capaz de fazer consideravelmente mais do que eu posso imaginar. Como Jabez na antiguidade,[8] nossas orações devem pedir: "Alargue as

6 Cf. Gênesis 27.27-40.

7 Cf. Gênesis 49.1-27.

8 Cf. 1Crônicas 4.9-10.

fronteiras da fé de meus filhos". Dia após dia, essas pequeninas preces sobem ao Céu, onde Deus as coleta até que os cálices celestiais transbordem em um momento *kairos*. Prefiro orar clamando pelas visões grandiosas que Deus me dá por meus filhos e perder ligeiramente de vista sua intenção a esconder as promessas proféticas na areia, temendo que Deus não faça o que eu pedir.

As Escrituras nos ordenam a pedir com ousadia: "Peçam, e será dado; busquem, e encontrarão; batam, e a porta será aberta. Pois todo o que pede recebe; o que busca encontra; e àquele que bate, a porta será aberta" (Mateus 7.7-8). Homens e mulheres ao longo das eras têm feito isso, até mesmo aqueles cujas histórias são contadas na Bíblia. Pense, por exemplo, na intercessão de Bate-Seba em prol de seu filho Salomão perante o idoso rei Davi, já à beira da morte: "Ela respondeu: 'Meu senhor, tu mesmo juraste a esta tua serva, pelo SENHOR, o teu Deus: "Seu filho Salomão me sucederá como rei e se assentará no meu trono" '" (1Reis 1.17). A promessa da aliança feita por Davi é a justificativa do pedido de Bate-Seba. Ela foi batizada com confiança da aliança e da ambição piedosa ao interceder para que a promessa se cumprisse.

Que esta geração de mães e pais forje o futuro dos filhos na bigorna de orações diárias, amplas e visionárias ao Pai que declara: "Clame a mim e eu responderei e direi a você coisas grandiosas e insondáveis que você não conhece" (Jeremias 33.3). Que nossa atitude seja como a de Bate-Seba, recusando-nos a ser privados daquilo que Deus prometeu. Então, veremos se levantar uma geração que levará a nação de volta ao Senhor. Nossos filhos serão o limiar da história que evitará o juízo e liberará as bênçãos divinas.

Tenho a certeza de que as orações feitas por pais piedosos moldam a vida dos filhos. Jamais me esquecerei da manhã em que minha mãe se virou para mim e disse, depois de se levantar bem cedo para ter seu momento de devoção matinal: "Filho, quero lhe mostrar o que tenho feito quase todas as manhãs há anos". Ela se ajoelhou no chão à minha frente e começou a orar pelos filhos mencionando cada um pelo nome, invocando as bênçãos e o propósito de Deus sobre eles. Foi um dos momentos mais sagrados de minha vida. A cena está indelevelmente marcada em minha memória e, sem dúvida, encontra-se no "livro das memórias" de Deus.

Até hoje, meu irmão, minhas irmãs e eu nos beneficiamos das orações de nossa mãe. Cada um de nós serve ao Senhor. Minha irmã Connie é casada com um plantador de igrejas e líder da denominação Irmãos em Cristo. Meu irmão Vaughn é um professor que ama a Deus e influencia centenas de crianças por meio de sua vida piedosa e de seu testemunho. Há 13 anos, ele ajuda na realização de um culto de oração dos professores em sua escola. Também ministra aos pobres e tem um chamado para o ministério pastoral em tempo integral. Minha irmã Lucy é casada com o pastor da Calvary Chapel em Santa Maria, Califórnia, onde 700 pessoas lotam a igreja para buscar o Senhor. Somos verdadeiramente amados e abençoados por causa de nosso pai Jacob e preservados pelas orações de nossa mãe Eunice.

Nenhuma oração é pequena demais para moldar a vida de nossos filhos. Minha esposa, Therese, e eu temos visto isso repetidamente em nossa família. Houve uma época em que estávamos orando por nossa filha mais velha, Christy Joy, pedindo a Deus que lhe mostrasse de maneira especial o amor pessoal que sente por ela. Estávamos passando férias na casa de familiares no leste dos Estados Unidos, e Christy ficou impressionada com a "boneca de oração" da prima. Brincava com ela o tempo inteiro, extremamente empolgada com as mãos de velcro e os pés da boneca, que se dobravam em posição de oração. A inocência dos olhos arregalados da boneca lembrava a Therese e a mim nossa preciosa filha. Therese comentou que seria uma ótima ideia comprar uma boneca como aquela para Christy, mas a viagem logo terminou, e Christy Joy voltou para Los Angeles de mãos vazias.

Eu havia regressado antes. Quando fui buscar minha família no aeroporto, levei comigo uma caixa para Christy Joy. Uma intercessora estava fazendo compras em um brechó e encontrou uma boneca bem incomum. Ela a comprou e levou para casa, para limpá-la e restaurá-la por completo. Então, se aproximou de mim em um culto de oração daquela semana e disse: "Lou, comprei esta boneca que o Senhor me disse que é para sua filha". Christy ficou tão surpresa! Seus olhos arregalados e o sorriso de felicidade genuína eram tudo de que Therese e eu precisávamos para ter a certeza de que Deus de fato havia ouvido nossas orações e respondido a elas. Ele dera a ela o mesmo tipo de boneca — quase 5 mil quilômetros de distância de onde deixamos a outra — e uma marca permanente de alegria em seu coração, para mostrar o grande amor que sente por ela!

Jamais subestime o poder das orações por seus filhos. Elas podem ser o catalisador que libera os muitos dons e as inúmeras bênçãos de Deus.

Construa altares da família ao Senhor

Uma lembrança de meu pai durante minha infância se destaca em relação às outras. Jamais me esquecerei da manhã de domingo na igreja dos Irmãos em Cristo de Upland quando vi meu pai, Gordon Engle, ajoelhado no altar ao fim do culto. Fiquei admirado com a profundidade de sua emoção na presença de Deus, manifesta por meio de olhos inchados de tanto chorar. Pareceu-me que ele ficou lá para sempre. Até hoje nunca perguntei o que se passou naquele dia. Foi um momento sagrado demais. Tudo que sei é que a cena ficará gravada para sempre em minha mente.

Outra memória de construção de altar me vem à lembrança. É da época em que eu liderava o ministério de oração Pasadena para Cristo. Faltavam mil dólares para fechar nosso orçamento mensal. Reuni a família, compartilhei a situação e pedi a Jesse, meu filho mais velho, que orasse. No dia anterior a essa reunião de oração da família, um homem fora tocado a preencher um cheque de mil dólares para nós. Ele jamais fizera algo do tipo antes nem voltou a fazer depois. Naquele mês, porém, o Senhor o levou a suprir nossa necessidade. Quando voltei para casa naquela noite, chamei Therese e as crianças e exclamei: "Preciso lhes mostrar a glória de Deus!". Coloquei o cheque na frente de todos e de Deus, e ali construímos um altar, um memorial da provisão divina.

Em outra ocasião, senti-me tocado a reunir a família e declarar os feitos poderosos de Deus durante a história de minha família. Enquanto realizávamos esse culto de renovação da aliança, dei a cada um de meus filhos uma vela apagada. Em minhas mãos, estava a única vela acesa, comemorando a aliança de Deus com meus antepassados: Jacob, Henry, Jesse, Jacob, Homer e Gordon. Contei a meus filhos sobre esses homens de Deus e como eles mudaram a história com seu coração apaixonado pelo Senhor. Então, os desafiei a ser fiéis às alianças feitas por esses homens. "Eles estão olhando do céu" — disse a meus filhos —, indagando: "Os filhos de Lou manterão acesa a chama que arde em nossa família há sete gerações?". Então, fiz uma solene exortação: "Filhos, depende de vocês. Vocês precisam renovar a aliança em sua geração. Necessitam escolher amar o Deus de seus ancestrais". Meus filhos pegaram as velas e as acenderam, como símbolo de seu compromisso em dar continuidade à herança de seus antepassados, que lhes foi transmitida.

Talvez essas histórias o façam lembrar de períodos em que você ou algum membro de sua família construiu um altar, um memorial ao Senhor. São lembranças importantes, que necessitam ser preservadas, porque Deus viu essas cerimônias e se lembra das alianças que fez com seus ancestrais. Agora ele deseja abençoar as próximas gerações. Os altares da família ao Senhor são uma maneira significativa de enraizar seus filhos na herança espiritual que eles possuem.

Eduque seus filhos profeticamente

> Nos últimos dias [...] derramarei do meu Espírito sobre todos os povos. Os seus filhos e as suas filhas profetizarão, os jovens terão visões, os velhos terão sonhos. Sobre os meus servos e as minhas servas derramarei do meu Espírito naqueles dias, e eles profetizarão. (Atos 2.17-18)

Estamos vendo essa explosão profética hoje. Homens, mulheres, meninos e meninas: todos estão recebendo esse dom do Espírito de Deus. O Senhor espera que cultivemos o dom profético em nossos filhos e os ensinemos a usá-lo. Seguem-se algumas maneiras práticas de cultivar esse dom precioso que Paulo estimava acima de todos os outros.

Em primeiro lugar, ajude seus filhos a desenvolver sensibilidade para ouvir a voz do Senhor. Quase todos os dias, eu pergunto a meus filhos se Deus lhes deu sonhos na noite anterior. Essa pergunta simples os ajuda a cultivar um coração pronto para ouvir. Embora eu raramente tenha sonhos significativos e jamais tenha recebido uma grande visão, meus filhos já tiveram essas experiências e ficam empolgados com o envolvimento divino profeticamente na vida deles.

Segundo, seja sensível em relação aos sonhos que Deus lhe der sobre o destino de seus filhos e ensine-os a ser sensíveis também. Há vários anos, eu li um artigo (hoje perdido) no *Los Angeles Times* sobre uma mulher chamada e a seus irmãos. Foi então encaminhada para lares provisórios, onde foi repetidamente molestada. No início da adolescência, estava desabrigada e morava na rua quando sofreu um estupro terrível. De algum modo, a despeito das feridas e das cicatrizes emocionais, Christine conseguiu juntar os pedaços quebrados de sua vida. Então, certo dia, o Deus dos sonhos, que escreveu um livro inteiro sobre a vida de cada um de nós,[9] iniciou um novo capítulo do livro de Christine em um sonho. Ela se viu nas ruas empoeiradas do Vietnã com centenas de crianças aleijadas, desabrigadas e deserdadas. Elas gritavam: "Venha nos ajudar! Venha nos ajudar!". Esse era o sonho de um Pai amoroso para sua filha sofrida. Vinte anos se passaram desde que Christine se viu nesse sonho. Ela já ministrou a mais de 60 mil crianças vietnamitas deserdadas.

Deus também tem falado a meu filho Josiah por meio de sonhos. Ele recebeu quatro sonhos exatamente sobre o mesmo episódio. No sonho, Josiah caminha com Jesus de seu nascimento até a ascensão. Pelo caminho, ele vê as curas, Lázaro ressuscitar dos mortos e assim por diante. Da quarta vez que ele teve esse sonho, minha esposa, Therese, sugeriu:

9 Cf. Salmos 139.

— Vamos fazer a oração de escuta, Josiah, e perguntar a Deus por que ele continua a lhe dar esse sonho.

Todos fechamos os olhos e esperamos no Senhor. De repente, Jesse quebrou o silêncio, empolgado:

— Acabei de ter uma visão de Josiah pregando naquela grande igreja de Colorado onde Ted Haggard é pastor.

Então, para nossa surpresa, Josiah disse com os olhos brilhando:

— Eu também vi a mesma coisa!

Essa experiência e muitas outras têm forjado e aperfeiçoado minhas orações por meus filhos. Eu oro os sonhos! Conforme já se disse, "não devemos nos *levantar* nas promessas, mas, sim, nos *ajoelhar* sobre elas!".

Terceiro, fique alerta em relação a sonhos que estabeleçam ou renovem alianças. Certa manhã, no fim de 1997, eu estava lutando por dentro em oração com o fato de que o poder do reavivamento ao Mott parecia estar diminuindo. Vimos o grande poder do Espírito Santo em ação por mais de dois anos, mas o poder não era mais tão forte. Então, clamei ao Senhor: "Deus, há mais reavivamento chegando ao Mott Auditorium? Se houver, dá-me um sinal. Mostra-me que estás renovando com meus filhos as alianças que estão sobre minha vida. Dá a um de meus filhos um sonho nesta manhã como sinal".

Fui para casa e encontrei Jesse sentado no sofá com a Bíblia aberta. Com lágrimas nos olhos, ele disse: "Pai, acabei de ter um sonho extraordinário! No sonho, eu estava dormindo quando alguém me chacoalhou de repente e disse com urgência: 'Levante-se! Há um grande reavivamento chegando ao Mott Auditorium'". Louvado seja Deus! Ele cumpre sua aliança de amor com mil gerações. Seus juízos duram por quatro gerações, mas suas bênçãos, por mil gerações para aqueles que o amam e lhe obedecem.

Deus tem muitos tesouros a revelar em sonhos para seus filhos. Precisamos aprender a linguagem do Espírito Santo — as imagens que falam ao coração de nossos filhos levando conforto, advertência, correção e encorajamento. E devemos aproveitar cada oportunidade para ajudá-los a entender a voz de Deus. Jonathan, meu filho de 6 anos, teve uma visão. Ele foi acordado repentinamente e viu um rolo na parede. No rolo, estavam escritas as palavras "Harvest Rock Church — orar por todas as nações".

Na manhã seguinte, ele perguntou:

— O que é uma visão?

Usei o momento para ensinar meus filhos sobre visões. Então, eu disse:

— Jonathan, o Deus de todo o universo se inclinou para você na noite passada e compartilhou com você o desejo do coração dele para nossa igreja. Com certeza, Deus o ama para lhe contar segredos de seu coração assim!

Quanta verdade! Deus de fato ama nossos filhos e está cuidando dos brotos e ramos que crescem de nossas raízes! Nós, pais, precisamos ter cuidado para aproveitar cada momento de janela aberta a fim de contar a história do que Deus fez no passado e incentivar o coração de nossos filhos, mostrando que Deus os ama pessoalmente e tem planos para a vida deles.

O sonho seguinte, dado a Jesse, meu filho mais velho, revela que Deus de fato convida nossas crianças e nossos jovens a se envolver ativamente em seu serviço desde novos. Meus filhos têm recebido um convite íntimo para se alistar nas "batalhas do Senhor" agora.

No sonho, Jesse viu uma gangue do bem lutando contra uma gangue do mal. Um jovem perguntou ao líder da gangue do bem:

— Qual é a idade mínima para entrar?

O líder respondeu:

— As regras mudaram. Antes, era 21, mas agora é 12.

Jesus começou a tratar dos negócios do Pai com essa mesma idade![10] Há uma geração inteira de "brotos" apenas esperando ser recrutada. Que nós, as "raízes", os abençoemos para que o busquem agora. Que os incentivemos a receber os sonhos e as alianças que Deus deseja lhes dar nesta hora. Que liberemos vida para a próxima geração. Nossa fecundidade em Deus depende disso, sem contar o futuro de nossos bairros, nossas cidades e nações!

[10] Cf. Lucas 2.42-49.

CAPÍTULO 14

OS OSSOS DE ELISEU AINDA VIVEM

Foi em 1988. Estávamos em Pasadena havia quatro anos, sem nenhuma evidência da colheita prometida por Deus. Saturado por uma profunda sensação de fracasso e passando por uma crise terrível de visão, chorei amargamente diante de meus anciãos durante uma reunião de equipe. Eles tiveram a graça de me dispensar para um período sabático de dois meses.

Durante essa época, fiz um jejum de oito dias e visitei a biblioteca pública de Pasadena. Enquanto lia sobre a história de reavivamento de Pasadena, meu coração se abriu profundamente para meu destino. Nas histórias que li, encontrei, por assim dizer, meu próprio nome escrito ali.

O rei Josias também encontrou seu nome escrito nos arquivos da história. Por ser um jovem temente a Deus, Josias não podia buscar orientação e destino no próprio pai. Aliás, seu pai e seu avô haviam sido os reis mais ímpios da história do Reino do Sul.

> Amom tinha vinte e dois anos de idade quando começou a reinar [...]. Ele fez o que o SENHOR reprova, como fizera Manassés, seu pai. [...] prestou culto aos ídolos aos quais seu pai havia cultuado e inclinou-se diante deles. Abandonou o SENHOR, o Deus dos seus antepassados, e não andou no caminho do SENHOR. (2Reis 21.19-22)

Josias estava determinado a deixar um legado diferente. Ele governou em Jerusalém por 31 anos com o coração justo, cumprindo a profecia a seu respeito, de que destruiria o altar de Betel.[1]

> Josias fez o que era reto aos olhos do SENHOR, andou nos caminhos de Davi, seu pai, e não se desviou nem para a direita nem para a esquerda. No oitavo ano de seu reinado, sendo ainda moço, Josias começou a buscar o Deus de Davi, seu pai. E, no décimo segundo ano, começou a purificar Judá e Jerusalém dos lugares altos, dos postes da deusa Aserá e das imagens de escultura e de fundição. (2Crônicas 34.2-3, NAA)

Agora, Josias era filho de quem? Seu pai era Amom ou Davi? Seu pai era Davi! Ele pertencia a uma *linhagem* geracional, não só a uma descendência imediata. Josias precisou voltar às páginas do álbum de família para encontrar um mentor digno de imitação. Ele escolheu Davi como o pai segundo o qual moldaria a própria vida.

João Batista também encontrou a descrição de sua vida nos anais da história. Consegue imaginar o fogo de Deus que entrou em João quando ele leu Isaías 40.3? "Uma voz clama: 'No deserto preparem o caminho para o SENHOR; façam no deserto um caminho reto para o nosso Deus'" — e as palavras penetraram seu espírito: "Você é a voz! O tempo é agora!".

Enxerto espiritual

> Então Eliseu morreu e foi sepultado. Ora, tropas moabitas costumavam entrar no país a cada primavera. Certa vez, enquanto alguns

[1] Cf. 1Reis 13.2.

> israelitas sepultavam um homem, viram de repente uma dessas tropas; então jogaram o corpo do homem no túmulo de Eliseu e fugiram. Assim que o cadáver encostou nos ossos de Eliseu, o homem voltou à vida e se levantou. (2Reis 13.20-21)

Que passagem extraordinária das Escrituras! A unção do Espírito Santo sobre Eliseu permaneceu em seus ossos como radiação, mesmo depois da morte! Um homem ressuscitou e voltou à vida simplesmente por tocar em seus ossos.

Naquele dia, na biblioteca pública de Pasadena, enquanto eu lia o relato da vida de Frank Bartleman, recebi uma nova razão para viver. Os ossos de Eliseu me ressuscitaram dos mortos!

Creio que o mesmo acontece espiritualmente quando as pessoas entram em contato com livros ou outros relatos de reavivamento na história — sobretudo se for dos próprios antepassados. Os mortos recebem nova vida à medida que o destino substitui o acaso e as expectativas espirituais se sobrepõem à desesperança.

Essa é uma boa notícia para aqueles que dizem: "Não tenho uma bênção geracional. Meus ancestrais não eram tementes a Deus, e minha linhagem é amaldiçoada". Você pode nem saber, mas um de seus antepassados bem antigos pode ter orado por você. Você pode fazer uso de uma bênção geracional que foi interrompida por um século. Talvez Deus o tenha escolhido para ser "reparador da brecha", o restaurador dos alicerces de muitas gerações! Não sei qual é um chamado mais elevado: sustentar a bênção geracional ou restaurá-la.

Deus é seu Pai. Se não existir nenhum relato histórico de seus antepassados ou, caso seus ancestrais sejam ímpios, há uma antiga história que fala do maior Pai de todos. A Bíblia é esse registro. Receber Deus como Pai é encher a vida de propósito e destino divino. Ele se agrada em incluir você na própria família e em lhe dar outros pais na fé.

Uau! Deve ser sobre isso que o apóstolo Paulo estava falando ao escrever aos coríntios: "Pois em Cristo Jesus eu mesmo os gerei por meio do evangelho. Portanto, suplico-lhes que sejam meus imitadores" (1Coríntios 4.15-16). Os coríntios estavam sendo enxertados em outra raiz por meio do ministério de Paulo! Receberam um novo legado e uma nova herança. Podiam se inspirar em Paulo e encontrar nele um mentor digno de ser imitado.

Caso seus pais ou sua família não tenham nenhuma herança espiritual para oferecer, você pode ser enxertado em uma linhagem santa! Pode encontrar sua herança em outro lugar: "Você, sendo oliveira brava, foi enxertado entre os outros e agora participa da seiva que vem da raiz da oliveira cultivada" (Romanos 11.17).[2] Aliás, as melhores oliveiras não crescem a partir da semente, mas, sim, de cortes de árvores já cultivadas. Talvez esta seja sua herança ou a que você ajudará a deixar como legado para outros.

Ainda que sua linhagem familiar seja temente a Deus, seu destino particular pode estar enxertado em outra raiz. Foi isso que me aconteceu quando li as histórias de Frank Bartleman. Eu tive absoluta certeza de que havia sido chamado para reabrir o poço de reavivamento que ele havia cavado em Pasadena.

Às vezes, esse enxerto na herança espiritual de outra pessoa se torna evidente nos acontecimentos ligados ao nascimento de uma criança. Tais eventos se tornam a plataforma de lançamento para uma grande revelação espiritual da qual nós, pais, somos chamados a cuidar com sabedoria.

Em 28 de maio de 1995, recebi uma ligação à 1h da manhã de duas meninas de 11 anos: Joy Ahn, filha de Ché, e Christine Codiogan. "Venha para o Mott, venha para o Mott!" — elas gritavam. As duas estavam dormindo na casa de Ché quando o Espírito Santo as despertou poderosamente. Elas acordaram a mãe de Joy, Sue Ahn, e lhe pediram que as levasse depressa ao Mott Auditorium. Estavam sendo atraídas pela glória de Deus.

Assim que entraram no auditório, seus olhos espirituais se abriram. Visões de anjos e sensações proféticas de reavivamento

2 Cf. Romanos 11.16-26. Neste livro, tratei principalmente de poços antigos e alianças de reavivamento em anos recentes. No entanto, os poços e as alianças originais são todos judaicos, o que pode ser o tema para outro livro.

se abriram diante delas. As duas gritavam alto: "Mott é pequeno demais! Mott é pequeno demais! Estádios ficarão lotados!". Eu chorei e gravei por três horas.

As meninas descreviam seres angelicais, ambas fazendo o mesmo relato ao mesmo tempo. Elas também viam uma escada descendo do Céu à terra com anjos andando para cima e para baixo. Houve um momento em que elas viram Vince Lombardi no Céu. Quando perguntei se elas sabiam quem ele era, responderam que nunca haviam ouvido falar dele, mas que ele estava usando um capacete de futebol americano. Eu explodi de fascínio! Deus estava trazendo um Super Bowl para a Igreja!

Foi uma noite de Céu aberto no Mott Auditorium. Às 4h da manhã, atravessei a rua e voltei para casa. Às 4h15, minha esposa, grávida de nosso quinto bebê, começou a entrar em trabalho de parto. Algumas horas depois, nasceu uma menina para nossa família! Demos a ela o nome de Gloria (por causa da glória) Angela (por causa dos anjos) Grace (por causa do favor de Deus — graça) Engle (que é a palavra em alemão para "anjo").

Ché foi ao hospital na manhã do nascimento de Gloria. Ele não sabia que nossa filha já havia nascido, mas sentia que teríamos uma menina que receberia uma bênção como a de Aimee Semple McPherson. Quando ele dividiu isso conosco, meu coração disse: "Amém! Que seja feito a ela conforme a sua palavra".

No início de 1998, eu estava deitado na cama com minha pequenina Gloria, de 2 anos, e comecei a contar-lhe sobre a manhã de seu nascimento.

— Gloria, você nasceu na noite em que anjos apareceram no Mott.

Então, lhe contei o relato da glória daquela noite e as palavras que Ché proferira profeticamente acerca de Aimee Semple McPherson.

— Aimee via anjos, adorava a Deus e curava pessoas doentes — contei a Gloria. Então, olhei bem dentro de seus olhinhos e disse — Gloria, talvez você tenha os mesmos dons de Aimee.

Gloria me olhava de volta sem nem piscar. Então, com seriedade e profundo senso de entendimento, ela respondeu de todo o coração:

— Obrigada.

Meu coração saltou por dentro. Será?

Pais, seus filhos não pertencem somente a vocês, mas a seus antepassados e, em última instância, ao nosso Pai celestial "do qual recebe o nome toda a família nos céus e na terra" (Efésios 3.15). Não se afaste do destino espiritual que Deus concedeu a seus filhos. Reúna as promessas proféticas feitas sobre elas e reivindique-as em oração. Plante a semente do destino com frequência no coração cheio de fé que eles têm! Você nunca sabe em qual raiz espiritual Deus pode escolher enxertar seu filho. Você também não sabe que filho Deus pode escolher enxertar em sua raiz.

Em visão, o profeta Zacarias contemplou duas oliveiras. As árvores estavam escorrendo óleo em vasilhas que ficavam em cima de um candeeiro de ouro, suprindo, assim, o azeite necessário para mantê-lo aceso. Se o óleo é o Espírito Santo[3] e os candeeiros representam as igrejas locais,[4] quem são as oliveiras? Frank Damazio sugere que são os líderes das igrejas locais e que uma das principais funções dos apóstolos e profetas é "escorrer" sua unção na igreja à medida que põem em prática seus dons, sobretudo nas jovens oliveiras da próxima geração.[5] Efésios 4 parece apoiar essa interpretação:

> E ele designou alguns para apóstolos, outros para profetas, outros para evangelistas, e outros para pastores e mestres, com o fim de preparar os santos para a obra do ministério, para que o corpo de Cristo seja edificado, até que todos alcancemos a unidade da fé e do conhecimento do Filho de Deus, e cheguemos à maturidade, atingindo a medida da plenitude de Cristo (v. 11-13).

[3] Cf. Zacarias 4.1-6.

[4] Cf. Apocalipse 1.20.

[5] Fala na conferência Catch the Fire, realizada na Harvest Rock Church em 14 de novembro de 1997.

Essa entrega de dons ou unção é para a edificação do Corpo de Cristo, a fim de que *todos* possam amadurecer na plenitude de Cristo. Uma das melhoras maneiras de edificar o Corpo é pastorear os jovens da próxima geração com os mesmos dons. No papel de pais e mães na fé, temos a responsabilidade de cuidar dos brotos verdes em nosso meio. É fácil demais para a liderança se concentrar na administração ou na pregação, esquecendo-se de cuidar da próxima geração de líderes.

Nas palavras do apóstolo Paulo: "Embora possam ter 10 mil tutores em Cristo, vocês não têm muitos pais, pois em Cristo Jesus eu mesmo os gerei por meio do evangelho" (1Coríntios 4.15). Conforme a Bíblia A Mensagem explica esse texto: "Há muita gente que não vê a hora de apontar o dedo para o que vocês têm feito de errado, mas não há muitos pais dispostos a investir tempo e esforço para ajudá-los a crescer". Há uma carência de pais e mães dispostos a garantir que os ramos de oliveira que brotam ao redor de nossa mesa sobrevivam e amadureçam para que eles próprios produzam azeite até escorrer. Não basta apenas ser ramos. Também é necessário ser raízes! Essa é a esperança para nossa geração órfã.

Eliseu tinha uma mãe e um pai naturais a quem ele amava. No entanto, sabia que seu destino não estava nos bois e no arado do pai, mas, sim, no manto de um velho homem. Elias também sabia que o destino de Eliseu estava ligado ao dele. Quando ouviu a voz suave do Senhor falando com ele no monte Horebe, recebeu três tarefas: ungir Eliseu como profeta, ungir Jeú como rei sobre Israel e ungir Hazael como rei sobre a Síria.[6]

Muitos conhecem a história de Eliseu, que suplicou pelo manto de Elias junto ao rio Jordão. Eliseu de fato recebeu a porção dobrada do manto de Elias, conforme pediu naquele dia, mas a entrega desse manto já fora feita anos antes, quando Elias o jogou sobre o ombro do jovem pela primeira vez. Eliseu herdou o manto de Elias não só por estar presente quando a carruagem de fogo levou

6 Cf. 1Reis 19.15-16.

o velho profeta para longe, mas por causa dos anos de mentoria fiel que havia recebido.

Passar adiante o manto espiritual é uma das coisas mais importantes que um líder maduro pode fazer. Isso pode acontecer por meio de uma imposição poderosa de mãos em uma ocasião única. Com maior frequência, porém, o manto é transmitido mediante um investimento de longo prazo, passando tempo juntos. O cultivo de jovens brotos de oliveira, pertençam eles à sua linhagem natural ou não, é o cerne do processo de discipulado.

Essa tarefa tinha importância suprema para Jesus. Mais importante do que pregar a multidões ou curar os enfermos era o tempo que ele investia em seus discípulos. Fazer discípulos é uma tarefa que requer tempo. Exige relacionamento e compromisso. Não é tão glamoroso quanto ser um orador conhecido, e o impacto pode não ser visto por anos, mas é impossível superestimar a importância de se dedicar à próxima geração. Aliás, talvez você não consiga concluir o propósito que Deus lhe deu, a menos que se comprometa com a próxima geração. Elias realizou somente a primeira das três tarefas que Deus lhe deu no monte Horebe. Ele ungiu Eliseu, seu discípulo, para ser profeta depois dele. E foi Eliseu quem realizou as outras duas.

Há algumas tarefas espirituais que podem ter sido claramente designadas — até mesmo pela voz audível de Deus — cujo cumprimento depende por completo de ungirmos a próxima geração! Elias foi enviado, em primeiro lugar, para confrontar a destruição causada pela adoração a Baal que Jezabel havia introduzido e para restaurar o coração de Israel ao Deus de seus antepassados. Ele é lembrado pelo confronto intenso que teve com Baal. Com frequência, porém, não se compreende que o ataque mais danoso que Elias fez ao espírito territorial de Jezabel aconteceu quando ele ungiu Eliseu! Foi Eliseu que concluiu a missão de Elias de ungir Jeú — o qual massacrou a casa de Acabe e removeu os baalins dos altos —, algo que nem mesmo Elias conseguiu fazer em sua época.

Caso Elias tivesse falhado em investir em seu filho espiritual, quem sabe como teria sido a história espiritual de Israel? É possível dizer o mesmo acerca de Moisés. Moisés levou Josué consigo ao alto do monte, na presença de Deus, ensinou a Lei a Josué e, de várias outras maneiras, passou anos preparando Josué para seu papel como seu sucessor. Caso Moisés não tivesse investido em Josué, seu filho espiritual, talvez os israelitas jamais teriam entrado na terra prometida, pois foi Josué quem concluiu o que Moisés não conseguiu terminar.

Josué estava enraizado em Moisés (assim como Eliseu estava enraizado em Elias). Até mesmo o nome pelo qual era chamado com frequência — Josué, filho de Num — significa "brotar de novo" ou "crescer de uma raiz"!

Ao viajar ao redor do mundo falando aos jovens, tenho o compromisso de lhes apresentar a história do reavivamento. Com frequência, sinto que o coração deles arde de esperança. Quando chamo os sedentos à frente e imponho as mãos neles, buscando transmitir o manto da sede de reavivamento, muitos são transformados por esse momento de imposição.

Talvez você seja jovem e esteja lendo este livro. Se você quer produzir frutos, crie raízes agora mesmo! Caso suas raízes naturais sejam improdutivas ou não correspondam ao destino que você sente em seu espírito, peça a Deus que enxerte em você outra herança espiritual. Rogue ao Senhor por pais espirituais se ainda não tiver encontrado um mentor em quem possa se inspirar para a vida. Caso já tenha um pai espiritual — seja seu pai ou sua mãe natural, seja um pai ou uma mãe espiritual que o Senhor lhe deu —, aceite a disciplina e os ensinos que ele ou ela transmitir. Comprometa-se com o estudo da história do reavivamento e com a escavação dos poços de reavivamento que pertencem à sua herança!

Se você for mais velho no Senhor, preciso tão somente lhe perguntar: o livro de sua história diante do Senhor é capaz de levantar alguém — até mesmo seus descendentes — dos mortos quando o lerem? Você está construindo altares para o Senhor em corações que ardem por ele? Você será mais lembrado como Abraão, que construía altares contínuos de sacrifício e adoração ao Senhor, ou como Naor, seu irmão menos conhecido, que provavelmente passou a vida inteira construindo uma cidade em homenagem a si próprio?

Não é tarde demais para reescrever sua história! Procure as promessas feitas a seus antepassados e administre-as com fidelidade. Assuma a responsabilidade de passar adiante as histórias deles — tanto as boas quanto as ruins —, confessar seus pecados e renovar as alianças. Passe adiante seu manto, para não falhar no cumprimento de seu chamado e de sua comissão. Discipule os filhos que Deus lhe deu nos caminhos do Senhor.

Se não discipularmos nossos filhos, as repercussões serão devastadoras. Davi falhou em discipular seus filhos, e o controle da família sobre o Reino do Norte acabou após a morte de Salomão. Eli falhou em discipular e disciplinar os filhos, e sua família perdeu o direito ao sacerdócio na presença do Senhor.

Não podemos falhar em nossa responsabilidade! O que está em jogo é precioso demais. Devemos servir à próxima geração com nosso amor e nossas orações, seja em relação a nossos filhos naturais, seja em relação a nossos filhos espirituais.

O misterioso agir de Deus

É raro termos consciência do impacto do discipulado e da oração — mas a história pode depender disso! Fiquei admirado ao ler o relato a seguir em uma edição antiga da revista *Guideposts*:

> Perderíamos um dia de nossas férias, mas minha esposa e eu tivemos a forte impressão de que deveríamos fazer o esforço de visitar o dr. Reuben Larson, um missionário pioneiro de 80 anos, enquanto estávamos no estado do Maine. Após o almoço, durante nossa visita, aparentemente do nada, o dr. Larson perguntou: “Ed, em todas as suas viagens, você já encontrou um indiano chamado Bakht Singh?”. Que extraordinário! Apenas duas semanas antes, em uma de suas poucas visitas aos Estados Unidos, Bakht Singh havia me convidado para almoçar. Contei ao dr. Larson o que eu havia aprendido sobre Singh, como ele era um dos líderes cristãos

mais conhecidos da Índia, havia fundado centenas de igrejas e pregado a milhares de pessoas. Sempre que ele viajava, as pessoas se reuniam nas estações de trem a fim de falar e orar com ele, mesmo que por poucos minutos. As coisas que contei sobre esse homem de Deus causaram um estranho efeito no dr. Larson. Ele ficou literalmente boquiaberto. Por fim, ele me explicou por quê. "Há muitos anos, no oeste do Canadá, conheci um jovem estudante de engenharia interessado na fé cristã. O nome dele era Bakht Singh. Há cinquenta anos, tenho orado por ele, para que conheça melhor Deus e sirva a ele. Sempre me perguntei o que teria acontecido com ele." Não muito tempo depois dessa visita, o dr. Larson morreu. Mas mesmo antes disso eu já havia compreendido por que dedicamos um dia de nossas férias para vê-lo. Tínhamos o propósito de levar a ele a notícia que havia esperado cinquenta anos para ouvir.[7]

Os caminhos de Deus são muito diferentes dos nossos. Ele pode estar usando você para preparar o próximo Josué ou o próximo Eliseu. O treinamento e as orações que você faz hoje podem moldar o próximo William Seymour, Billy Graham ou T. L. Osborne. O rapaz ou a moça que você está discipulando este ano pode ser o próximo John Wesley ou a próxima Henrietta Mears.

Que desafio! Não podemos perder a próxima geração. Os missionários que irão às tribos não alcançadas de nosso planeta se ajoelham hoje em uma reunião de oração para alunos do ensino médio. Os mártires que sofrerão alegremente pela causa de Cristo em um século que tem presenciado mais derramamento de sangue do que a junção de toda a história cristã anterior podem ser os pré-adolescentes que ainda nem chegaram à puberdade. Os apóstolos e profetas que farão a maior colheita da história da humanidade podem ser irreconhecíveis hoje, enquanto andam de triciclo em nossos quintais. Sem dúvida, eles valem os investimentos mais elevados que pudermos fazer!

[7] ELLIOT, Edward A. His Mysterious Ways, **Guideposts**, jun. 1990.

Homens e mulheres de Deus, que seus sacrifícios e sua obediência ao Senhor na busca por sua herança e pela transmissão dela à próxima geração possam levar vida a todos aqueles com quem entram em contato. Que o fogo em sua vida demonstre vez após vez que os ossos de Eliseu ainda vivem!

CAPÍTULO 15

O LIMIAR DA HISTÓRIA: EDUCANDO NAZIREUS

Um lugar único na história

As pessoas aguardavam e se perguntavam: o que aconteceu com Zacarias? Ele havia entrado no santuário para queimar incenso perante o Senhor, mas não regressou. O que o fazia demorar tanto?

Enquanto isso, Zacarias estava passando pela maior experiência de sua vida. Ele e a esposa, Isabel, já eram mais velhos, mas não tiveram filhos. Imagine seu choque profundo quando o anjo Gabriel apareceu e prometeu a Zacarias que sua esposa teria um filho e que o nome do menino seria João. Não é de espantar que Zacarias tenha pedido a Gabriel um sinal de que o nascimento aconteceria. Afinal, 400 anos haviam se passado desde que Israel fora abençoado com revelação profética. Agora ele recebia a notícia de que seria pai de um profeta — e não só de qualquer profeta, mas de um nazireu que receberia o manto do grande Elias!

> E irá adiante do Senhor, no espírito e no poder de Elias, para fazer voltar o coração dos pais a seus filhos e os desobedientes à sabedoria dos justos, para deixar um povo preparado para o Senhor. (Lucas 1.17)

Nenhum vinho ou bebida alcoólica deveriam tocar os lábios de João, nem tesoura ou navalha deveriam passar por seu cabelo, o sinal de consagração do nazireu. Ele seria cheio do Espírito Santo desde o ventre da mãe e consagrado ao Senhor por toda a sua vida. João, de fato, foi uma pessoa extraordinária! Passou a maior parte da vida no deserto e se tornou uma voz clara que chamava seu povo de volta para Deus. Preparou o caminho para a revelação mais clara de Deus que a humanidade já viu: a presença do Deus eterno de forma física! Jesus disse a seu respeito: "Digo a verdade a vocês: Do meio dos nascidos de mulher não surgiu ninguém maior do que João Batista" (Mateus 11.11).

Gabriel alude às palavras do profeta Malaquias quando fala a Zacarias no santuário.[1] No entanto, ele não cita Malaquias de forma exata. Diz que os desobedientes receberão a sabedoria dos justos. Se já houve um dia uma geração desobediente que precisa voltar à retidão, é a geração X. Trata-se da geração que tem mais conhecimento do que qualquer outra da história, mas carece por completo da sabedoria dos justos. Após ser concebida em rejeição e batizada com uma inundação de imundície maior do que tudo que já houve antes, seus membros necessitam desesperadamente de uma voz que os chame ao arrependimento.

Deus fará novamente aquilo que já fez. Assim como João Batista convocou sua geração a se preparar para a vinda física de Jesus, Deus está suscitando jovens que prepararão a terra para a segunda vinda do nosso Senhor. Ele é zeloso por essa geração que foi desconsiderada por boa parte da humanidade. Antes que venha o grande e terrível dia do Senhor, sem dúvida chamará tais jovens de volta à sabedoria da justiça. Hoje mesmo, ele levanta jovens e

[1] Cf. Malaquias 4.6.

adultos para receber o manto de João e fazer o chamado. Serão os grandes exploradores da geração X.

Deus está em busca novamente de nazireus que abram a porta para seu próximo ato. Essa responsabilidade deve repousar sobre um homem ou uma mulher. Ou pode haver muitos. Quer um, quer muitos, a geração X é o ponto de virada da qual depende toda a História.

Minha geração e a geração de meus pais não são loucas o bastante para vestir esse manto, mas a geração X é. Eles já viram tudo que o dinheiro pode comprar e estão cansados disso. Estão prontos para outra coisa. São a geração pronta para dizer: "Faremos o que houver de mais extremo".

Se você faz parte da geração X, ocupa um lugar único na linha do tempo da História. Você foi posicionado de maneira precisa para conquistar a vitória de Deus nesta hora. João preparou a nação judaica para a revelação de Jesus, "o Cordeiro de Deus, que tira o pecado do mundo!" (João 1.29). Você preparará as nações da terra para o magnífico retorno do Leão de Judá, "que há de julgar os vivos e os mortos" (2Timóteo 4.1).

Você vive em um período da História que seus antepassados ansiaram por presenciar. Perder de vista o que Deus está fazendo agora é perder tudo. Descubra o que Deus está realizando em sua geração e se entregue a isso. Davi fez exatamente isso: "Tendo, pois, Davi servido ao propósito de Deus em sua geração, adormeceu" (Atos 13.36). Você deve fazer o mesmo, pois, em cada geração e dispensação, há algo que Deus deseja realizar. Caso perca isso de vista, acabará perdendo o propósito de Deus para sua vida!

Eu vivi por anos um cristianismo carente de poder. Quando o Espírito de Deus começou a ser derramado, em 1994, decidi que preferiria mergulhar nesse rio e arriscar tudo a ficar de pé, tremendo às margens, perguntando-me se aquilo vinha de Deus ou não. Desde então, já vi mais frutos em quatro anos do que anteriormente em 20!

Lembro-me de quando alguns estudantes internacionais de origem japonesa começaram a convidar os amigos para os cultos de renovação em nossa vida. Vários daqueles rapazes e moças eram budistas, e a maioria jamais havia entrado em uma igreja. Quando perguntávamos se queriam aceitar Jesus, respondiam que não. No entanto, quando se levantavam nas fileiras de oração e nós orávamos por eles, eram derrubados pelo poder do Espírito Santo — muitos sem que ninguém os tocasse. Quando se reerguiam, estavam prontos para aceitar Cristo! Caso tivéssemos vacilado no dia da visitação, eu teria perdido de vista os propósitos de Deus.

A resposta de Deus à angústia nacional e à decadência espiritual

Os nazireus são pessoas especiais. Conforme revela o Antigo Testamento, Deus os suscita quando seu povo está passando por grande aflição, por ter sucumbido à decadência espiritual e moral. Vez após vez, em toda a história de Israel, os nazireus reverteram a maré da degeneração espiritual e nacional.

Sansão foi assim.[2] O anjo que anunciou seu nascimento a seus pais proclamou que Sansão livraria Israel de seus temíveis inimigos, os filisteus. Além de Sansão deixar o cabelo crescer e se abster de vinho, bebidas fortes e alimentos impuros do nascimento até a morte, sua mãe foi instruída a permanecer pura, a fim de que, desde o útero, o menino fosse consagrado ao Senhor. Essa devoção a Javé, simbolizada pelos cabelos longos de Sansão, era a fonte da grande força do juiz. Ele derrotava os filisteus mediante o poder do Espírito do Senhor. No fim, porém, a imoralidade seduziu Sansão, e sua consagração ao Senhor terminou quando seu cabelo foi cortado. Então, a grande força o deixou, e os filisteus o afligiram.

Os dias do sacerdote Eli foram outra época de escuridão moral e espiritual em Israel. O sacerdócio havia se degenerado sob a direção de Eli, que nada fez para disciplinar os dois filhos quando eles profanaram os sacrifícios e dormiram com as mulheres

[2] Cf. Juízes 13 e 14.

que serviam à entrada da Tenda do Encontro.[3] Por causa dessa corrupção, Deus jurou que ninguém da casa de Eli serviria novamente a ele como sacerdote. No lugar de Eli, Deus suscitou Samuel. Santo desde a infância, Samuel foi a resposta divina à súplica desesperada de uma mulher para se tornar mãe. Samuel foi o único homem a servir a Israel como juiz, profeta e sacerdote.[4]

Os Estados Unidos passam agora por um período de crise nacional. A degeneração moral e espiritual se espalha por toda parte. Desde nosso nascimento, Deus nos chamou para ser uma nação separada para ele, uma cidade sobre um monte, uma bênção para o mundo inteiro. Então, como Sansão, começamos a nos vender para a imoralidade sexual. Agora nosso cabelo foi cortado, e perdemos a força. No entanto, como o cabelo de Sansão voltou a crescer, os Estados Unidos voltaram a se lembrar da fonte de sua força. Jovens de toda a nação estão dizendo: "Dê-nos mais uma chance. Queremos destruir as colunas das portas do Inferno e ver a destruição dos inimigos que arrasaram nossa geração".

Nazireus, levantem-se! Que Deus se agrade em responder às suas orações, lembrando-se de nosso país assim como se lembrou de Sansão e o fortaleceu para matar mais filisteus em sua morte do que em todos os dias de sua vida. Que Deus responda a vocês, nossos jovens, por causa da dedicação e da fidelidade de nossos antepassados.

Um voto de pureza

Nos tempos do Antigo Testamento, o cabelo longo do nazireu simbolizava sua consagração ao Senhor. Hoje os nazireus podem não fazer uso dessa marca de consagração, mas continuam a ser chamados para viver com propósito e pureza inconfundíveis. Devem ser totalmente separados para o propósito santo do Senhor.

O vinho era uma bebida aceitável nos dias de Sansão e Samuel — mas a embriaguez não! Ainda assim, os nazireus abriam mão

[3] Cf. 1Samuel 2.22.

[4] Cf. 1Samuel 1.

voluntariamente do vinho — e até mesmo das uvas e passas, das quais o vinho pode ser extraído. Esse padrão de pureza é necessário, hoje, em nossa nação. Trata-se de uma pureza que escolhe livremente se abster do que é aceitável, com o propósito de conquistar o que, de outro modo, não seria possível obter. Não há fim para livros, programas de televisão, jogos, filmes e vídeos que enchem nossa mente de sujeira. Alguns argumentam que são fortes o bastante para não ser afetados pelos filmes para maiores de 16 ou 18 anos a que escolhem assistir. Quanta falta de sentido! Satanás batalha implacavelmente para tomar posse de nossa alma.

Nazireus, levantem-se! Chegou a hora de guerrear contra o deus do entretenimento que seduziu e amarrou os Estados Unidos. Separem-se dos desejos deste mundo. Obedeçam à Palavra de Deus a fim de abrir mão das luxúrias da carne que guerreiam por dentro. Então, que sua mente se encha da sabedoria divina, a fim de que amadureça rumo à mente de Cristo e possa conduzir a Igreja nos caminhos da justiça.

Proibição de "cadáveres" legalistas

A regra referente aos nazireus e aos mortos era muito severa. Os nazireus não tinham permissão para tocar nem mesmo os pais quando estes faleciam, e o cabelo do nazireu deveria ser imediatamente cortado caso alguém morresse em sua presença.

Essa regra diz respeito ao legalismo e a obras mortas. Muitos cristãos hoje estão presos em formas de piedade, mas carecem de poder, pois se prendem a tradições, em lugar de se ater aos mandamentos de Deus. Essa era a condição dos fariseus quando João Batista surgiu para pregar o arrependimento.

O nazireu e o fariseu tinham muito em comum. Ambos eram extremamente zelosos por Deus. Ambos jejuavam com frequência. Ambos viviam em separação e pureza. No entanto, João, o maior nazireu de todos, não elogiou os fariseus por sua piedade. Em vez disso, ele os repreendeu com severidade. Por quê? Porque estavam cheios de justiça própria. Achavam um insulto o batismo de arrependimento propagado por João. Afinal, eram os conversos gentios que precisavam desse tipo de batismo — ou, pelo menos, era o que os fariseus pensavam. Caso se sujeitassem ao batismo de João, estariam admitindo que haviam construído cuidadosamente um sistema religioso incompleto de algum modo, que sua rígida adesão à Lei não era suficiente e que não eram, na verdade, melhores do que os gentios a quem desprezavam! Assim, os fariseus rejeitaram a obra de Deus por intermédio de João.

> Todo o povo, até os publicanos, ouvindo as palavras de Jesus, reconheceram que o caminho de Deus era justo, sendo batizados por João. Mas os fariseus e os peritos na lei rejeitaram o propósito de Deus para eles, não sendo batizados por João. (Lucas 7.29-30)

Jesus, assim como João Batista, também não foi nada elogioso aos fariseus. João os chamou de "raça de víboras".[5] Jesus disse que eram como "sepulcros caiados: bonitos por fora, mas por dentro estão cheios de ossos e de todo tipo de imundície" (Mateus 23.27). Que terrível acusação!

A igreja na América por vezes não é diferente hoje. Parecemos espirituais, mas somos apenas religiosos. Honramos nossas tradições, mas perdemos Deus de vista. Quando jovem, eu ignorei o movimento de Jesus porque era religioso. Sinais e maravilhas estavam acontecendo por toda parte à minha volta, e pessoas eram salvas. Assim como os fariseus que perderam Deus de vista bem quando Jesus estava diante de seus olhos, eu não aproveitei a oportunidade quando o Movimento de Jesus varreu a Califórnia. Aliás, eu saí irado de uma reunião desse movimento, maldizendo Deus pelo que estava acontecendo ali. Eu era o líder de meu grupo de jovens, mas não tinha nenhum desejo espiritual. Não estava sedento por Deus.

Nazireus, levantem-se! Que sua sede espiritual os leve a se unir ao que Deus está fazendo neste momento. Que se separem de tudo que os levaria a honrá-lo com os lábios, mas mantê-lo

[5] Cf. Mateus 3.7; 12.34; 23.33.

distante do coração. Que sua adoração seja pura e santa ao Senhor, a partindo coração e da reverência provenientes apenas de Deus, sem se restringir a regras humanas.

Os nazireus negam os prazeres da carne

Os nazireus jejuavam com frequência. João Batista só comia gafanhotos e mel. O impacto desse jejum se revela no poder de seu ministério. Os profetas são forjados no deserto do jejum, não nos excessos dos banquetes.

Por anos, senti que Deus estava me chamando a um estilo de vida de jejum. Certa vez, eu orei: "Deus, dá-me o sinal de que serei um nazireu".

No dia seguinte, um adolescente asiático se aproximou de mim e me disse:

— Sonhei ontem à noite que você tinha o cabelo bem longo.

Orei mais uma vez: "Senhor, dá-me *outro* sinal, por favor!".

No dia seguinte, um pré-adolescente veio até minha casa e me perguntou:

— Lou, o que é nazireu? Eu estava lendo Números quando Deus falou comigo e disse que eu devo ser um nazireu.

Agora ele está deixando o cabelo crescer. Ele é estranho — e eu o amo!

Deus está novamente levantando jovens mais preocupados em honrar e servir ao Senhor do que em satisfazer os desejos da carne. Eles influenciarão o mundo por causa da força de seu desejo. Fui lembrado desse princípio ao ler *Fasting for Spiritual Breakthrough* [Jejum por avanço espiritual] de Elmer L. Towns. Ele diz:

> Comece o jejum de João Batista sabendo o tipo de influência que você deseja ser. Lembre-se: não há apenas influências positivas e negativas, mas também graus de influência. Em uma escala de 1 a 10, Filipe pode ser 7, e Karen apenas 2. Boa parte da diferença depende do desejo.
>
> [...] Embora o anjo tenha dito a Zacarias, pai de João, que o menino aceitaria o voto de nazireu, essa escolha precisaria ser

> feita e confirmada por João. Há poder nesse tipo de decisão — que controla sua vida. É preciso tomar a decisão de servir a Deus e então fazer essa escolha funcionar todos os dias.[6]

Enquanto lia, eu disse primeiro: "Ó Deus, não diga isso para mim! Não me faça ter uma vida de jejum!". Então, li mais e percebi que João liderou todo um movimento para Deus e se pôs no limiar da transformação na história. Em seguida, falei: "Mas, Deus, eu quero fazer isso!".

Alguns dias depois dessa leitura, preguei em uma conferência Rock the Nations. Gary Black também era orador. Ele disse: "Você pode ter uma influência grau dois, sete ou dez, de acordo com seu desejo. João Batista tinha forte desejo, começou a orar e jejuar — e influenciou a nação inteira". Fiquei absolutamente pasmo. "Gary deve ter lido o mesmo livro" — pensei. Quando ele fez o apelo, fui o primeiro a ir à frente. Depois, perguntei a Gary se ele havia lido a obra de Towns. "Nunca" — foi a resposta.

Os Estados Unidos estão embriagados com os prazeres deste mundo. Dizemos que estamos famintos, mas não fazemos ideia do que é fome! Tornamo-nos escravos da comida, o avô de todos os apetites. Nas palavras do apóstolo Paulo, "o seu deus é o estômago, e eles têm orgulho do que é vergonhoso" (Filipenses 3.19a).

Um intercessor me contou acerca de um sonho no qual uma serpente se enrolava em um *donut*. Isso pode lhe parecer estranho, mas eu não achei muito engraçado! Toda manhã, eu acordava com dois convites: um da casa de oração e outro da padaria, dizendo: "Venha, Lou, *donuts* fresquinhos!". Em muitas manhãs, os *donuts* ganhavam. Quando ouvi esse sonho, senti o Senhor dizer: "Há uma serpente enrolada em um *donut* porque, quando você cede a esses prazeres, começa a ficar moralmente fraco em todas as outras áreas". A acusação de Ezequiel contra a cidade de Sodoma também parece apoiar isso. O pecado de Sodoma não era apenas a homossexualidade, mas também a glutonaria

6 P. 149.

e a arrogância.[7] As perversões sexuais existiam em abundância na cidade porque essas coisas se multiplicam em uma sociedade autoindulgente.

A consagração a Deus e a autoindulgência não podem andar juntas. O amor a Deus deve superar todas as outras coisas. O amor puro gera o desejo de encontrar prazer simplesmente em dar. Seu foco está na afeição do Amante, não na aprovação humana. Não conhece humilhação, nem vergonha, tampouco leva em conta o preço.

A mulher que chorou aos pés de Jesus e os ungiu com perfume precioso amava seu Senhor.[8] Ela mal notou os fariseus escandalizados ou o preço de sua aparente extravagância. Seu ato foi um dom de amor, não um *show* para impressionar.

O amor paga grandes preços e faz até sacrifícios parecerem insignificantes, ou mesmo uma alegria. Meus filhos demonstraram isso quando não tinham um presente de aniversário para me dar, de modo que me trouxeram os cartões de beisebol preferidos de sua coleção. Estavam tão felizes em me dar o melhor que tinham! Para eles, isso não era sacrifício algum, porque me amam. Isso é amor, não legalismo. O amor fica com o melhor da casa e derrama sobre os amados.

Nazireus, levantem-se! Que vocês sirvam ao Senhor com o coração cheio de amor, amando-o porque ele os amou primeiro.[9] E que assim vocês evitem as armadilhas mortais do legalismo e da autoindulgência.

Líderes em batalha

Os verdadeiros nazireus são fortes na batalha. Depois de vencer a batalha contra os desejos da carne, precisam permanecer de pé no dia do mal. Provérbios 25.28 declara essa verdade: "Como a cidade com seus muros derrubados, assim é quem não sabe dominar-se". Em outras palavras, a pessoa sem autocontrole não

7 Cf. Ezequiel 16.49.

8 Cf. Lucas 7.37-50.

9 Cf. 1João 4.19.

tem defesas e é vulnerável a ataques. Não tem nenhum escudo para se resguardar.

No período dos juízes em Israel, os soldados tinham o costume de deixar o cabelo crescer antes de ir para a batalha. Uma tradução alternativa para a primeira parte do cântico de vitória de Débora parece se referir a essa prática: "Quando os príncipes de Israel assumem a liderança [quando longas madeixas correm soltas por Israel], quando as pessoas voluntariamente se oferecem — louvado seja o Senhor!" (Juízes 5.2, tradução livre).[10] Tratava-se de uma alusão à consagração dos nazireus. Falava da dedicação completa dos soldados à batalha. Eram os valentes cabeludos que lideravam a batalha! Então, o povo os seguia voluntariamente.

Jovens da América, chegou a hora de deixar o cabelo crescer. Que vocês compareçam "trajando vestes santas, desde o romper da alvorada [...] virão como o orvalho" (Salmos 110.3b).[11]

Influência fenomenal

Quando eu tinha apenas 2 anos de idade no Senhor, estava sentado em uma sala de cinema, assistindo a um filme que zombava de Deus. O Espírito Santo falou-me: "Levante-se, Lou, no meio do cinema e diga às pessoas que eu não preciso desse tipo de ajuda. Diga que devem buscar Jesus Cristo se quiserem conhecer o Deus verdadeiro". Eu disse não ao Senhor. De repente, foi como se houvesse fogo em meus ossos e, antes que eu percebesse, vi-me pregando na frente da sala de cinema: "Se quiserem conhecer o Deus verdadeiro, busquem Jesus Cristo". Eu preguei e depois saí correndo como um louco, gritando, pois estava morrendo de medo! No dia seguinte, alguém abordou um de meus amigos e disse: "Você não vai acreditar, mas ontem à noite eu estava no cinema e um cara meio maluco se levantou e começou a pregar".

10 Cf. CUNDALL, Arthur. **Judges and Ruth — An Introduction and Commentary.** Leicester, England: InterVarsity Press, 1968, p. 94.

11 A última frase também pode dizer: "receberão o orvalho de sua juventude".

Deus está em busca de homens e mulheres meio malucos que vivam a vida cristã ao extremo, com devoção destemida a ele. Cada um desses consagrados, como João Batista, "será grande aos olhos do Senhor. Ele nunca tomará vinho nem bebida fermentada, e será cheio do Espírito Santo desde antes do seu nascimento" (Lucas 1.15). Serão luzes resplandecentes a brilhar,[12] que não se acovardam diante da opinião pública nem das demandas da tradição religiosa. E sua influência será fenomenal!

João Batista viveu em obscuridade, às margens da sociedade. Contudo, seus poucos anos de ministério e sua mensagem controversa abalaram a nação judaica,[13] a ponto de assustar o rei. (Josefo, o historiador judeu, conta que Herodes de fato temia João por causa de sua tremenda influência social e espiritual.[14]) João não estava pregando em um auditório com ar-condicionado, nem nos palácios da época. Mesmo assim, alguns estimam que 750 mil pessoas foram ao deserto ouvir João durante os dezoito meses de sua pregação. Isso significa de 40 a 50 mil pessoas por mês! É como Pensacola!

Nazireus, levantem-se! Que vocês sejam grandes aos olhos do Senhor, ao buscar a aprovação dele, em lugar da admiração humana. Recusem-se a viver de acordo com as manias e exigências da sociedade. Façam pressão de grupo em vez de ceder a ela. Que a influência de João Batista se torne sua, levando nosso mundo a se voltar para Deus.

Os nazireus são dedicados ao Senhor pelos pais

Pais, o chamado para os nazireus não é só para os filhos. Sansão, Samuel e João Batista nasceram de mães estéreis. Foram separados desde o nascimento, dedicados ao Senhor. Seus pais sabiam que eles deveriam ser criados como nazireus e honraram o Senhor nisso. A oração de Manoá, pai de Sansão, deveria estar no coração de cada pai e mãe da Geração X e de cada jovem *millennial*: "Senhor, eu te

[12] Cf. João 5.35.

[13] Cf. Marcos 1.5.

[14] JOSEPHUS, **Antiquities of the Jews**, Book XVIII, Chapter V, p. 2. Traduzido por William Whiston. Publicado em 1867.

imploro que o homem de Deus que enviaste volte para nos instruir sobre o que fazer com o menino que vai nascer" (Juízes 13.8b). Da mesma maneira, a mãe de Sansão obedeceu ao anjo que a instruiu a fazer o juramento nazireu enquanto estava grávida, pois é preciso pureza para gerar pureza. Que a mesma consagração encha o coração das mães hoje!

Levantem-se, pais e líderes da próxima geração de nazireus. Santifiquem-se para educar crianças que livrem nossa terra do juízo iminente. Que sejamos uma nova estirpe de pais e guardiães espirituais que caminham na presença do Senhor em pureza e integridade, honrando-o com nosso modo de viver e de educar nossos filhos.

Juízo recai sobre quem profana um nazireu

Um homem de Deus envolvido em missões contou, certa vez, a história de uma jovem que se emocionou profundamente com sua pregação sobre missões. Certo dia, ela se aproximou dele e disse: "Quero tanto me dedicar às missões que meu coração revela com toda a força, mas minha mãe quer que eu faça faculdade. Ela não me deixa ir". E a moça nunca foi para o campo missionário. Em quatro anos, ela caiu em imoralidade sexual e estava totalmente afastada do serviço ao Senhor. Sua mãe procurou o mesmo homem para lhe perguntar se ele poderia ajudar a filha dela. A resposta triste, mas honesta que ele deu foi: "A culpa é sua. Quando ela queria correr para cumprir os propósitos de Deus, você disse não".

Essa mãe está colhendo as tristes consequências descritas em Amós 2.11-13:

> "Também escolhi alguns de seus filhos para serem profetas e alguns de seus jovens para serem nazireus. Não é verdade, povo de Israel?", declara o SENHOR. "Mas vocês fizeram os nazireus beber vinho e ordenaram aos profetas que não profetizassem. Agora, então, eu os amassarei".

Ela não é a única. Há um juízo sobre os Estados Unidos agora mesmo porque nós temos orientado nossos filhos e nossas filhas a não profetizar, a não ter sonhos nem visões, tampouco a falar em línguas.

Isso precisa mudar! Deus está tocando nossa juventude e usando-a para trazer a nação ao arrependimento. Conheço uma ótima moça evangélica que foi à nossa igreja há dois anos. O Espírito Santo caiu sobre ela, e ela começou a falar em línguas — em mandarim! Pessoas se converteram quando ela lhes disse em mandarim que necessitavam mudar de vida.

Igreja da América, levante-se! Precisamos enviar nossos jovens profetas, ou seremos esmagados. Que Deus nos conceda visão para liberar nossos filhos a alcançar as nações! Que reconheçamos o chamado de Deus na vida deles, incentivemos uma consagração sacrificial e não exijamos nada deles que o Senhor não solicite. Que entreguemos nosso melhor, nossos filhos, como presente de amor ao Senhor.

Então, eles poderão andar nos caminhos de nossos antepassados, quem sabe até morrendo para alcançar muçulmanos, budistas, hindus e outros a quem o Senhor os enviar. Que eles trilhem o caminho de João Batista, que jamais abriu os olhos dos cegos nem ressuscitou mortos, mas ressuscitou uma nação morta!

Estamos no limiar de um tempo na história como nenhum outro. Na hora mais sombria que a nação já conheceu, Deus está prestes a agir. Ele está levantando nazireus. O longo silêncio profético está terminando. Em uma geração entregue à imoralidade, quando o sacerdócio se contaminou, o clamor da Palavra do Senhor é ouvido novamente em nossa terra. Não um, mas milhares de Joões Batistas com o espírito de Elias estão a postos para mudar nosso mundo. A pureza da vida deles brilha, e a paixão em seu coração arde. Chegou a hora de esses valentes de cabelos longos resplandecerem com fervor.

Levante-se, ó geração de nazireus. Reabra os poços de reavivamento que há tanto tempo foram esquecidos. E que o mesmo espírito de consagração e o temor claro e poderoso do Senhor recaiam sobre nós com intensidade. Que sejamos impulsionados por seu Espírito a liberar os poços e gêiseres de nossos ancestrais por toda a terra — para nós e nossos filhos. E que o próprio Senhor seja tocado a nos estender misericórdia nesta *hora de jubileu.*

BIBLIOGRAFIA

Baldwin, Ethel May; Benson, David V. **Henrietta Mears and How She Did It!** Glendale, CA: Gospel Light Publications, 1966.

Bartleman, Frank. **Another Wave of Revival**. New Kensington, PA: Whitaker House, 1982.

________. **Azusa Street**. New Brunswick, NJ: Bridge-Logos Publishers, Inc., 1980. [Disponível em português sob o título **A história do avivamento Azusa**. Americana: Impacto, 2016.]

Bright, Bill. **The Coming Revival:** America's Call to Fast, Pray and "Seek God's Face". New Life Publications, 1995.

Clemenhage, A. W. **History of the Brethren in Christ Church**. Nappanee, IN: E.V. Publishing House, 1952.

Cundall, Arthur. **Judges and Ruth — An Introduction and Commentary**. Leicester, England: InterVarsity Press, 1968.

Dawson, John. **Taking Our Cities for God:** How to Break Spiritual Strongholds. Lake Mary, FL: Creation House, 1989, p. 94. [Disponível em português sob o título **Reconquiste sua cidade para Deus:** estratégias para derrubar as fortalezas espirituais do Diabo. Curitiba: Betânia, 1995.]

DeLoriea, Renée. **Portal in Pensacola**. Shippensburg, PA: Revival Press, 1997.

Frangipane, Francis. **The River of Life**. New Kensington, PA: Whitaker House, 1993.

GAZOWSKY, Richard. **The Prophetic Whisper**. San Francisco, CA: Voice of Pentecost, Inc., 1996.

HALL, Franklin. **Atomic Power with God Through Prayer and Fasting**. Edição ilustrada. Eastford, CT: Martino Fine Books, 2016.

________. **The Fasting Prayer**. Phoenix AZ: Hall Deliverance Foundation, Inc., 1947, 1976.

HAWTHORNE, Steve; KENDRICK, Graham. **Prayer-walking**. Lake Mary, FL: Creation House, 1993.

KEIL, Carl Friedrich; DELITZSCH, Franz Julius. **The Twelve Minor Prophets, Biblical Commentary on the Old Testament**, v. 2. Edinburgh: T. & T. Clark, 1873.

KILPATRICK, John. **Feast of Fire**. Pensacola, FL: Publicação independente, 1995.

JOYNER, Rick. **The World Aflame**. Charlotte, NC: Morning Star Publications, 1993. [Disponível em português sob o título **Mundo em chamas**. Americana: Impacto, 2019.]

MCPHERSON, Aimee Semple; COX, Raymond L. **Aimee:** Life Story of Aimee Semple McPherson. Los Angeles, CA: Foursquare Publications, 1979. [Disponível em português sob o título **A história de uma vida**. Nova York: Boni and Liveright, 1991.]

MURILLO, Mario. **Critical Mass**. Grand Rapids, MI: Anthony Douglas Publishing, 1985.

OTIS JR., George. **The Last of the Giants**. Tarrytown, NY: Chosen Books Inc., 1991.

PERETTI, Frank. **Este mundo tenebroso**. 2 v. São Paulo: Vida, 2006-2011.

PRINCE, Derek. **Shaping History Through Prayer and Fasting**. New Kensington, PA: Whitaker House, 1973.

RISS, Richard. **A Survey of 20th-Century Revival Movements in North America**. Peabody, MA: Hendrickson Publishers, 1988. p. 126.

________. **Latter Rain**. Honeycomb Visual Productions Ltd, 1987.

STRONG, James. **Strong's Exhaustive Concordance of the Bible**. Peabody, MA: Hendrickson Publishers, [s.d.].

TOWNS, Elmer L. **Fasting for Spiritual Breakthrough**. Ventura, CA: Regal, 1996. [Disponível em português sob o título **Jejuar:** uma revolução na vida espiritual. Curitiba: Atos, 2021.]

WEBER, Monsenhor Francis J. **The Life and Times of Fray Junípero Serra**. EZ Nature Books, San Luis Obispo, 1988.

WINTER, Roberta H. **Once More Around Jericho:** The Story of the U.S. Center for World Mission. South Pasadena, CA: William Carey Library, 1978.